女皇驾到

一张图看懂武则天

秋地 著

中国出版集团公司
华文出版社

目 录

001 / 身世之争

007 / 少女时代

015 / 才人武媚娘

029 / 则天皇后

051 / 天后

067 / 谁敢废立天子?

083 / 皇太后

106 / 血腥盛唐

120 / 则天皇帝

167 / 无字丰碑

身世之争

唐代奇文很多，与武则天有关最为著名的可能是骆宾王的《讨武氏檄》了。这位骆先生在给李敬业起兵造反时起草檄文，向天下人激愤地数落武则天的罪过，说她"伪临朝武氏者，性非和顺，地实寒微。昔充太宗下陈，曾以更衣入侍。洎乎晚节，秽乱春宫"，把这位最高统治者说得既卑贱又秽乱，简直一无是处。加以檄文文字犀利，气势如虹，确实给武氏带来了不小压力。但是我们知道，檄文实则战前动员令，它的主要用意在于树靶子，鼓士气，为讨伐武则天找一个合适的理由，以使将士同仇敌忾，用现在的话说就是宣传和鼓动。这一招自古以来都在被使用，而且登峰造极。你看一眼美国人在伊拉克战争中是怎么宣传的就明白了。骆先生深谙此道，他摆事实，讲道理，为了达到政治目的，有些地

武则天像

方忍不住就夸张了。比如他在檄文中所说的武则天"地实寒微"的出身,就很值得一探究竟。

我们从武则天的父亲武士彟说起。武士彟可谓有志青年的榜样。他在踏入官场之前,长期在家乡山西文水做木材生意,《太原事迹》说他曾经和家乡人许文宝一起,收购数万棵木头囤积居奇,一下子赚了很多钱,成为文水富甲一方的大户。武士彟虽然很有钱了,但不骄奢淫逸,他是一个很有雄心的人。他不满足于富足现状,暗暗发誓说自己既要大富也要大贵。为此,他常与朋友在林下读书,研究时局,谈论时事,为将来的崛起做准备。

有志青年武士彟在隋朝的乱局中初试牛刀,结果并不太好。大家都知道隋朝是一个短命王朝,杨氏执掌天下没有多久,劳役差役苛捐杂税多如牛毛,整个社会像架在了火上,一副马上燃烧崩溃的样子。武士彟在乱局之中先后到了京城长安和东都洛阳,他以财力做后盾,凭借不凡的交际能力结识了杨雄等一批权贵。但他并没有飞黄腾达，而是陷入了残酷的社会斗争的漩涡，常常自保不暇。如果说这一时期有什么收获的话，主要有两个，一是他结识了一批社会上层人物，熟悉了他们的游戏规则。另外就是获得了军籍，他在隋朝大业末期从一介庶民变成了鹰扬府队正。队正是一个统领50人的下级军官，军阶不高，却为他改变命运提供了条件。

武士彟命运的真正转变，是他在动荡时局中遇到了自己的明主——唐高祖李渊，可以说，正是李渊改写了他的人生。615年，李渊奉诏去山西汾阳、晋阳之间抚慰地方、追捕起事的人民，经常在武士彟家里住宿，受到了武士彟的殷勤招待，李渊非常满意。后来，大唐帝业已成，论功赏爵的时候，李渊还忍不住因此赞颂武士彟。这是他与李渊关系突飞猛进的最为重要的一件事。

两年后，李渊坐镇太原为留守，任命武士彟为行军司铠。当时天下纷扰，群雄竞起，李渊蠢蠢欲动，想要起兵，犹豫之间，一时不能决定。武士彟明白李渊的心思，就跑到李渊那里，说他在一个夜晚行路的时候，听到空中传来"唐公为天子"的呼声，唐公就是李渊；又梦到李渊乘着马登上了天，用手抚摸到了日月。这是一个瑞兆，似乎每一个帝王登上皇帝宝座之前都会及时地出现。李渊在踌躇不决之际，武士彟送来了精神支持，真乃雪中送炭，李渊听后非常激动，坚定了反隋的决心。武士彟趁机把自己撰写的兵书送给李渊，李渊许诺他说，等到起事成功之后，一定与他同富贵。

隋炀帝对李渊并不放心，在李渊到达太原的同时派了王威、高君雅两人监视他。两派的力量势均力敌，李渊虽欲起事反隋，却因为两人的监视而不敢动作。后来李渊派长孙顺德、刘弘基等人秘密征兵，活动被王、高二人发觉了，王、高准备逮捕他们。武士彟劝王威、高君雅说，长孙顺德、刘弘基都是李渊的客人，如果逮捕审判他们会与李渊引起纠纷，王、高二人一时犹豫，没敢行动。武士彟因此立下大功，为李渊起兵解除了一大隐患。

　　唐朝建立以后，武士彟成为建国的十六位元勋之一，受到了封赏。他被任命为中央最高行政机关尚书省兵部的库部郎，库部郎是兵部四司之一库部司的司长，职掌全国武器军备设施的政令，属于政府的清要官，官秩正五品。在社会尚未从战争阴影中走出来的当时，这个职位非常重要。两年后，武士彟升为正三品部长级的工部尚书，跻身政府高层，稍后又以本官检校右厢宿卫的禁军，可见他所受到的重视。武士彟最终官至工部尚书，封应国公。有意思的是，武士彟不仅得到了梦寐以求的官位勋爵，还得到一次免死牌，这在当时都是极少人才会享受的特殊荣誉，虽然他从来没有机会用到过。这时的武士彟已经成为名副其实的当世勋贵了。不仅如此，武士彟的家人也得到了封赏。他的长兄武士稜参加唐军，官至司农少卿，封宣城县公。次兄武士逸封安陆县公，后来累授益州行台左丞。一家三公，可谓显赫了。

　　武则天出生于武德七年（624），那时武士彟在长安任职，正是飞黄腾达的时候。就此来看，武则天应是出身于一个新贵的庶族，一点也不"寒微"。

　　那么，武则天的祖上如何呢？

　　武士彟的籍贯是山西文水县。他的祖先谱系，根据李峤奉武则天敕令所写的《攀龙台碑》和《新唐书·宰相世系表》，武氏出自姬姓，周平王少子之后，传说周平王少子出生时手上纹理有一"武"字，他的后代就以"武"作为自己的姓氏。武则天的第八代祖武念，是沛之竹邑（安徽宿县）人，官拜北魏洛州刺史、归义侯。七代祖武洽，为北魏平北将军、五兵尚书、晋阳公，别封大陵县。大陵即文水，隋朝时改此名至今，武家自此从安徽宿县定居山西文水。武则天从七代祖武洽以下，直系均有任官：六代祖武神龟为祭酒，五代祖武克己为本州大中正、司徒越王长史，高祖武居常为北齐镇远将军，曾祖武俭为北周永昌王谘议参军，祖父武华为隋东都丞，父亲武士彟为唐工部尚书，封应国公。如此看来，武氏上溯六代，都是朝廷命官，尽管有的职位并不高，但也归结不到"寒微"的地步。

骆宾王为什么如此对自己的最高统治者大不敬？这里面还有一个重要的背景，就是一直延续到唐代的士族门阀制度。

所谓士族，就是地方上的大姓豪族，他们在社会上享有政治和经济方面的特权。所谓门阀，就是门第、阀阅。门第主要就社会等级而言，显贵之家称为"高门"，卑贱之家称为"寒门"。阀阅是官宦人家大门外立的两根柱子，"在左曰阀，在右曰阅"，主要用来榜贴功状，以显示和标榜本家族的赫赫功绩，后来阀阅就引申为功绩和经历。士族门阀即指世代显贵之家。士族作为一种特权阶层，与庶族保持着严格的界限，即所谓"士、庶天隔"。在士族发展鼎盛的魏晋时期，士族高门甚至不与庶族寒门通婚、共坐、相互来往。

唐朝的士族阶层虽然已经衰落，但还保存着强大的势力。这些士族阶层，在唐初时候占据了好多个宰相职位。唐朝的士族阶层主要有两大集团，一是以长孙无忌为代表的关陇集团，一是以崔、卢、李、郑家族为代表的山东集团。如果严格按照门第标准来看，武家并不能划入士族队列。骆宾王的讨武檄文，说武则天"性非温顺，地实寒微"，是站在士族的角度说武则天出身寒门，不配被立为皇后。这样来说也没有错。但是也要看到，作为新贵之家，武家的社会地位虽不及关陇、山东集团那样显赫，但也绝非一般庶族地主所能比的，一点都不"寒微"。

武则天的母亲杨氏，家世也十分显赫。她出身于关陇六大望族之一的弘农杨氏。弘农杨氏在汉朝就已兴起，历朝历代出现了许多著名人物。隋文帝杨坚是其中之一。她的父亲杨达，在隋朝时累任尚书、纳言（侍中），封为遂宁公。他的堂兄杨恭仁、杨师道、杨执柔，都是初唐时有名的宰相。杨家的门第之高，连当时的李家皇室也不能比。只是在那个时代，人们看一个人的出身，并不依母亲，而是父亲。这是多年来形成的一种根深蒂固的观念。

少女时代

武德七年（624）武则天出生的时候，她的父亲武士彟正被唐高祖李渊派往扬州，以本官权检校扬州都督府长史任职。这个名称有点拗口，说白一点就是以京官的身份兼任扬州都督府长史，官阶仅次于扬州都督。武士彟在扬州任上一年有余，那时武则天尚在襁褓之中。次年，唐太宗李世民发动玄武门之变，夺取了皇帝宝座，与李渊关系密切的武士彟被召回长安，旋即离京改任豫州都督，时年武则天两岁。贞观元年（627），武士彟改任利州都督时，武则天三岁。

武则天的出生地方有三种说法，一为长安，二曰洛阳，三是利州（四川广元）。每种说法似乎都有一些证据，现在人们更多地倾向于长安。我们也认可这一看法。三岁之前的武则天在长安接受母亲的细心呵护，与父亲武士彟聚少离多。在武士彟任职扬州、豫州地方时，武则天和母亲有没有随他同往不得而知。史料有明确记载的，是她随父亲到利州和荆州赴任，在那里度过了她的童年和少女时代。

利州都督是父亲武士彟正式外放的地方大吏。由于武士彟已被去除京职，武则天和母亲随同父亲同往利州赴任。三岁的武则天乘着父亲的车马一路颠簸着到了利州。旅途劳顿，对大人来说是一件颇为辛苦的事，不过这时的武则天对此应该还没有多少印象，她还是一个顽皮的孩子。她慈爱的母亲一路与她紧紧相伴，细心照顾着她们姐妹。

利州即今天的四川广元。在正史中，唐朝初年的利州是一个偏远地方，《攀龙台碑》说它"郡惟遐徼，地实偏陬"，"渝人寰旅，兽骇禽惊"，用今天的话说就是地僻人稀，实在荒凉。隋朝末年的战争对社会的破坏依然存在，人口损失巨大，她们的马车所过之处满目疮痍。武则天一家到达利州的时候，战乱留下的痕迹依然处处可见，盗贼出没，社会还不太平。好在父亲武士彟是一个很有能力的官员，他用了五年时间治理利州，安抚民众，劝课农桑，招缉群盗，很快使利州社会安宁下来，境内的经济也复苏了。

利州是一个不同于长安的地方。它居于秦岭以南，由于绵绵山脉的阻隔，呈现出与长安不太一样的自然风貌。那里的空气更湿润一些，山水更灵秀一些，道路两旁生长着杉树，这种亚热带地区才有的乔木，一排一排笔直修长，像彬彬有礼的美男子，在晴空丽日下给人留下深刻印象，这是在北方的长安城不太容易见到的景致。武则天虽然幼小，但那里的温润气候和风土人情自然会润泽感染着她。

也正因为年幼，武则天在利州的活动在正史中并不容易寻找。

我们翻检《唐书·方技传》，看到她的一则趣事：有一次，益州著名的相士袁天罡为武则天一家人看相。他看到杨氏，说：看夫人骨格清奇，必生贵子。武士彟就把孩子们都找来。袁天罡看到元庆、元爽兄弟说，他俩将来可以做到刺史，只是最终将会困顿。看见姐姐说，此女大贵，可是也会有不利。到武则天时，她身上穿着男孩的衣服，由乳母抱着出来，袁天罡看后大吃一惊，说："此郎君神采奥澈，不易可知。"武士彟请他解释一下，袁天罡说："龙睛凤颈，贵之极也。"转身侧视着她，说："若是女，当为天子。"这是一则颠覆人们观念的预言，父亲武士彟听了相士的话，惊诧万分，就像牡丹花在冬天开放了，就像黄河水自东往西倒流了。自从盘古开辟天地，一直都只有男人做天子，从来没有过女人抬头的时候，更何况女人要做皇帝？做皇帝岂不是要跟李唐争夺天下，此为大逆，况且武则天还是一位女孩子呢？她的父亲知道这话的份量，在半信半疑之中惊得说不出话来。

　　我们现在通常把这样的事情当作妄语，付之一笑，但在当时人们是相信的。如果我们从后来武则天革唐朝之命、登上大周皇帝宝座后再来回看这则逸事，就能看出一些端倪。在古代，似乎每一位皇帝发迹之前，都会有一些神奇传说。比如刘秀出生时红光满屋，刘知远睡觉时有蛇从七窍钻出，这些听来怪诞不经的传说却正是古人心中天子降生的瑞兆。这应该是武则天造神运动中的一个小插曲吧，她似乎想向人们说明，人之命，天注定，天命所归，在她出生时就已冥冥之中注定了。我们无须追究它的可靠性有多少，但至少它让我们知道，即使武则天在萌态十足的幼儿时期，其神采气场也超凡脱俗。

可能是因为武则天后来空前绝后的女皇身份，在她离开利州多年以后，无数美丽的传说像三春飘落的鲜艳花瓣，在那个湿润缠绵的地方流散传播，直到今天还散发着余香。那里有很多关于武则天的遗迹、传说：有以"则天""天后"命名的地名；有可能是由武士彟修建的皇泽寺，主殿则天殿里供奉着武则天的石雕描金塑像；有一直保留到1958年的则天梳妆楼遗址。这很能说明当地人民无比丰富的想象力以及武则天在人们心中无比崇高的地位。

贞观五年，武则天又经历了一次漂泊。她的父亲被改任为荆州都督。荆州比之利州更加往南，全家人跟着他来到了这里。荆州是一个富庶的上都督府。武士彟擅长治理地方，《攀龙台碑》说荆州在他的勤于管理下，"市不倚门，田多让畔，烝人罢讼，咏河上之甘棠；游女无思，歌汉滨之乔木"，而且出现了"白狼见于郊堈，嘉禾生于垅亩"的瑞兆，得到了唐太宗的赞扬。在地理上，荆州又是一个不同于利州的地方，那是一个鱼米之乡，富庶之地。在诗人的印象中，荆州莺飞草长，水天相接，那里空气湿润，气候温和，满是天空的飞鸟和盛开的莲花。武则天在其中诗意地栖息，自由地生长。我们一直以为，武则天身上所具有的灵秀之气，是受到南方的浸润濡泽的。

从7岁到11岁，从孩童到少女时代，这是人生之中非常重要的一个时期。武则天在如画的荆州感知自然，孕育情感，也开始从母亲那里接受琴棋书画的古典教育。

武则天的家族是一个新贵之家，身家显赫，父亲武士彟身为荆州都督，是这里的最高长官。武则天的童年时代物质条件极为富足，极其优越，因而其生活无拘无束，情感自然烂漫，又从母亲那里接受了很好的教育。母亲杨氏是一位名门闺秀，她素来对女人必备的女红功课不感兴趣，却一直偏爱读书。史籍之中的杨氏明诗习礼，阅史披图，颇能属文，她的父亲杨达赞许地说她是"隆家之女"。杨氏的这些习惯和兴趣，很明显地影响了武则天。在母亲杨氏的教导下，武则天的才学在同代人中是很显眼的。即使小小年龄，她的美貌与才学已经声闻宫中，《唐会要·天后武氏》说，唐太宗李世民就是后来听说她"美容止""兼涉文史"而把她召入宫中的。这是后话。武则天从小接受的良好教育，为她的一生成就奠定了极为坚实的基础。举例来说，武则天入宫以后，亲自撰写有《臣轨》，她的诗歌写得很好，她的书法颇有名气，听说她的政敌看后也是很为佩服。

　　母亲杨氏的笃信佛教，也对少女武则天产生了很深的影响。杨氏是一位十分虔诚的佛教信徒，在嫁给武士彠之前，以及武士彠去世之后，她都一心皈依佛祖。在利州时期，千佛崖等处佛寺的香火旺盛，她常常带着年幼的武则天出入寺庙。年幼的武则天自小耳濡目染，饱受佛教的熏陶，为她的人生打上了浓重的佛教印迹。武则天后来说："朕爱自幼龄，归心彼岸"，"朕幼崇释教，夙慕归依"。武则天后来为做皇帝而伪托的《大云经》，也说"神皇幼小时已被缁服。"释教的淡泊平静濡染着这位容貌惊人的少女，使她身上有着常人难以具备的恬静之美。

　　这是她人生的黄金时代。

　　有一天，这种幸福的生活戛然而止。她的父亲武士彠去世了。贞观九年，唐高祖李渊因病驾崩后，她的父亲武士彠深受打击，他"举声大哭，呕血而崩"，时年59岁。美丽少女武则天正在茁壮成长，正是需要慈父疼爱和关怀的时候，他却撒手而去。父亲的去世，使武则天饱受了失去亲人的痛苦。她失去了一个精神支柱，也失去了现实生活中的依靠。她的母亲悲悲切切，扶着父亲的棺椁，带着武则天姐妹回山西文水安葬父亲。这是武则天第一次回到自己的家乡，却是以这种痛苦的方式。

兄弟的失礼

父亲武士彟去世以后，武则天的生活发生了很大的变化。以前父亲在世时的那种优游闲适、平和安然的生活被打破了，随之而来的，是家族里她的两位同父异母的兄长向母亲杨氏和她的姐妹的发难。

史料说，在武士彟去世后，武则天的同父异母兄长甚至其他族人，对母亲杨氏并不孝顺，甚至有些无礼。《旧唐书·武承嗣传》说："士彟卒后，兄子惟良、怀运及元爽等，遇杨氏失礼。"《新唐书·武士彟传》："诸子事杨不尽礼，（杨氏）衔之。"《新唐书·武后传》："遇杨及后礼薄，（武）后衔不置。"对杨氏失礼，其原因可能有二：一是他的兄长们与杨氏争夺门户主持权。武士彟在世时官至工部尚书，封应国公，有着庞大的家产。史书记载，唐高祖李渊对他赏赐很多：封寿阳县开国公时食邑一千户，改封开国公时增邑一千户，武德元年赐田三百顷、奴婢三百人，别食实封五百户，进封应国公时实封八百户，京师长安赐宅一区。这在今天是一笔多么庞大的资产啊。武士彟离世后，武氏子弟们自然不愿意继母杨氏执掌门户。他们都是现实主义者，为了利益不惜争得头破血流。二是母亲杨氏与其子女的关系并不和睦。继母与子女，是一对千百年来难以说清的关系，不和者多，和谐者少。很不幸杨氏属于前者。

武则天的兄长和族人对杨氏如何"失礼"如何"无礼"的，我们今天已经无从知晓了，我们的现实生活中有太多活生生的事例可为注脚，不需要再从历史尘埃中翻检这些鸡零狗碎。但这些争斗确实给武则天和母亲留下了十分恶劣的印象。我们举两个间接的例子。

一是父母合葬。依照初唐夫妇合葬的风俗，母亲杨氏去世后，按照当时的社会习俗，她应与自己的丈夫武士彠合葬于山西文水。但杨氏去世之时很坚决地说，自己宁愿选择安葬于咸阳其父杨达的身旁，也不愿归于山西文水先茔，与丈夫武士彠合葬。母亲杨氏直到死也没有原谅武家子弟。武则天嫌恶那个曾经带给她无数困扰的家族，她先是遵从母亲遗嘱，"割同穴之芳规"，把母亲安葬于咸阳杨达旧茔之左，后来又深感父母两地分隔，"陵茔眇隔，长悬两地之悲；关塞遥分，每切百身之痛"，于是将父母合葬。她把父亲武士彠的坟茔千里迢迢从文水迁至咸阳，与其母亲葬在了一起，而不是把母亲之魂迎归文水。从这里可以看出，童年时期的家族之间的罅隙在武则天的心里有多大，给她留下的阴影有多深。从这个角度来说，武则天垂暮之年即使让武氏皇统及其身而绝，也不立武氏子弟为大周王朝的继承人，也是对她在少女时代所受兄长们的"失礼"的一种回应。

二是武则天掌权之后对武氏家族的疯狂报复。她在取得国家的最高统治权后，居然向他们举起了屠刀，她不但诛杀了元庆、元爽、惟良和怀运这些曾经欺凌她们的兄长、堂兄，而且改其姓为蝮。逝者已逝，生者还要忍受如此恶毒的对待。在古代，改姓是对一个家族异常严厉的惩罚，是一种恶毒的诅咒。那时的人们非常维护姓名的尊严，如果有人不小心冒犯长辈的字号，会有严重的后果，何况把一个家族的姓氏改为丑陋恐怖的动物呢！当时以强凌弱的兄长们怎么也没有想到，自己弱小的妹妹未来会如此强大。也许，两位兄长在黄泉之路上会为自己的眼拙而叫苦不迭。

对于兄长的失礼，武则天当时正处于一个青春的叛逆时期，她虽然满怀愤恨，但是因为年纪尚小，无力应对而只得隐忍。但仇恨的种子已经在她心里种下，一旦有适合的时机，将会结出十分可怕的果子来。《新唐书·武后传》说，"才人有权数，诡变不穷"，"（武）后城宇深痛，柔屈不耻，以就大事"，这种性格，何尝不是由于她的同父异母的兄长们给她造成的。按照心理学分析，童年的经历会影响一个人人格的形成，它像一股潜流，暗暗地在人的一生中发挥作用。人们在翻阅武则天的史料时，常常被她的惊世骇俗的大屠杀所震惊。人们在问为什么会这样的时候，会不会想到，也许这正与她在少女时代所经历的磨砺息息相关呢？

我们可以这样来总结武则天的少女时代。她出生于一个新贵家庭，在父亲官邸的深宅大院中长大，生活无忧，自幼接受了很好的教育，从小深受佛教的浸染，她举止端庄，兼涉文史，是一位有着惊人美貌的贵族少女。从她的父亲去世到入宫之前的这三年里，她忍受了家族内部的无礼和争斗，体会了社会的冷酷无情。她的内心里埋下了一颗复仇的种子，在等待着时机发芽，开出罪恶之花来。

才人武媚娘

也许少女时代的武则天已经具有了理性而冷漠的性格,尽管现在看来她是那么年少。《新唐书》记载了这样一件事情,贞观十一年(637),武则天年方十四,被唐太宗李世民召入宫中。母亲杨氏知道这一走将来很难再见,拉着武则天的手悲痛地哭泣。武则天却平静地安慰母亲说:"我进宫是为了侍奉天子,怎知不是福份呢?您不要悲痛了吧。"了解女儿的莫过母亲,她停止哭泣,看着载着武则天的车子辘辘远去,直至不见。从这件事情上可以看出,在离别之际,武则天确与常人不同。在一般人眼中,进入深宫意味着与亲人永久的隔绝,由此生发一些儿女之悲乃是人之常情。而在武则天的心中,离别固然令人悲痛,但是想到能够接近皇帝,侍奉这位万众景仰的天子,该是一件多么荣耀的事情,

唐太宗

该是多少少女心中的渴望与梦想啊。再者,从现实来说,离开那个争斗不休的家庭,离开那些恃强凌弱的兄长们,也不失为一件快事。当然,武则天这时不一定就有往国家权力中心靠近的想法,但她的理想毕竟明确而高远,超过了一般的同龄人。

武则天入宫,与母亲的赫赫家族有些关系,前面说过,母亲杨氏出身高门,家族显赫,杨家的一位女儿——应该是母亲杨氏的一位表亲——正在宫中享受唐太宗李世民的宠爱,时为杨妃。那时长孙皇后刚刚去世,太宗陷入失去爱人的深深痛苦中难以自拔。长孙皇后十三岁起嫁给太宗,直到三十六岁去世,一直伴随着他,既做他的生活伴侣,也是贤良内助。伤心的太宗自此不再立皇后。杨妃看太宗不能从失去皇后的悲恸中解脱出来,为了取悦于他,便建言从民间选取几位女子以充实皇宫，并且推荐了自己的表亲应国公武士彠的女儿武则天，唐太宗同意了这个提议，武则天就被召进宫来。

正值豆蔻年华的武则天站在唐太宗面前，天生丽质，亭亭玉立，她举止优美，教养良好，宛然大家闺秀。太宗很是欣赏，立她为才人，据说"武媚娘"的芳名便是太宗所起。那时他看到少女武则天眉宇间天然地流露出一种娇美妩媚，便称呼她为"武媚娘"，于是"武媚娘"这个天子赏赐的御名便在宫中流传，直到今天。

作为才人，武才人在宫中的地位并不算高。在唐朝制度中宫人属于内官，其级别共有八等，四妃、九嫔、九婕妤、九美人、九才人、二十七宝林、二十七御女、二十七采女，凡一百二十一人。武则天官职正五品，"掌叙宴寝，理丝枲，以献岁功"，就是安排宫中的宴会和皇帝的休寝，处理蚕丝纺织的政令。武则天貌美而有才干，处事练达，很适合处理这类事务，这项工作又使她能够经常接触皇帝，甚至包括后来成为皇帝的太子李治。

武才人在宫中的事迹史籍所录不多。最为著名的，是她向唐太宗陈述如何驯服"狮子骢"的故事。太宗在戎马倥偬的一生中曾经骑服过很多骏马，对马的感情很深。有一次，他的一匹心爱的骏马暴死于宫中，太宗迁怒于养马之人，竟要打算杀了他。他对骏马的情结挥之不去，甚至在他去世以后，还要把生前所骑的战马雕刻于陵前。在位于陕西醴泉的昭陵，有著名的"昭陵六骏"浮雕石刻，雕刻了六匹他曾骑过的战马，名曰"拳毛䯄""什伐赤""白蹄乌""特勒骠""青骓""飒露紫"，单听名字都让人神往。浮雕由著名画家阎立本操刀，英姿飒爽，给人留下极为深刻的印象。

"昭陵六骏"之什伐赤

　　唐太宗有一匹叫"狮子骢"的骏马,膘肥体壮,性极猛悍,没有人能驯服,包括太宗。所谓"狮子",可能是就其性烈而言吧。太宗问谁能驯服这匹"狮子骢",武才人正在一旁侍候,就自告奋勇上前说:"只有我能制服它。"太宗很惊诧这一位小小的宫中才人,就问她有何办法驯服这匹烈马。武才人说:"我要三样东西:铁鞭、铁锤和匕首。一开始驯马,如果马不驯服,就用铁鞭鞭打它;再不驯服,就用铁锤锤击它;要是还不驯服,就只能以匕首割断它的喉咙了。"太宗瞠目结舌。史书记载说"太宗壮之",唐太宗虽然赞赏武才人驯服"狮子骢"的勇气,内心里并不以为然,把它当作一个争强好胜的小孩子的狂言罢了。

　　武才人并不懂马,更不爱马。在太宗眼中的宝贝,她居然以如此简单粗暴的方式来处理,真是暴殄天物。对太宗这位爱马之人,武才人的此种说辞极有可能引起反感。"狮子骢"显然并没有被武才人驯服成功，但人们颇能从这件事中看出武才人的性格：为了达到目的，不惜采取极端的方式，甚至不惜毁坏椟中龟玉。当然，这件事情或许还有另一种解读，居于深宫的武才人并未得到太宗皇帝的宠幸，这让自信进取的武才人大失所望，陷入浓重的失落之中。武才人的驯马狂言，或许只是为了引起太宗的注意而故意哗众取宠罢了。为了引起皇帝的注意可以理解，但其口中所含的暴戾之气，实在让人难以想象是出自一位少女之口。

美丽的武媚娘在深宫十一年，并没有怎么得到唐太宗的恩宠。她虽则娇美，但其身上透露出的英武之气，也许并不能获得唐太宗的赞许。英雄美人，如果美人像英雄一样慷慨，很难让人爱得起来。

为何错杀李君羡？

与武才人有关的另一则事情，是贞观二十二年发生的李君羡事件。

贞观初年，长安白昼时天空数次出现了太白星，在迷信天象的古代，这是一个不祥之兆。太宗赶紧让太史官解释，太史说这是"女主昌"的征兆，太宗很是担忧。适逢民间流传一本名曰《秘记》的书，书中说"唐三世以后，女主武王代有天下"，恰与史官的解释不谋而合，这更成了太宗的一块心病。他遍视朝中武姓大臣，却一直没有找到怀疑对象而除之。

有一天，太宗设宴款待一批武将，古代饮酒有行酒令的习惯，当时有一酒令为报乳名，轮到一位叫李君羡的将军，他自报的乳名为"五娘"。太宗笑他说，哪里的女子能有你这么勇猛呢。"五"与"武"谐音，太宗说完心头一动，沉于心头的疑虑一下子跳上来：这个李君羡是不是《秘记》所指的那位武王呢？李君羡的官称是武卫，封邑为武连，他值守的都城大门是玄武门，连乳名都有一个"武"字。那个一直困扰太宗的谜团在他心中渐渐明晰起来。他认为这个人就是李君羡将军。本着宁可错杀一千，不过放过一个的精神，太宗立即免去李君羡的禁军之职，下放他做了一个华州刺史。贞观二十二年，有人弹劾李君羡，说他与一位通晓佛法、自称不食人间烟火的人有交往，意图不轨，唐太宗抓住机会，立即处死了李君羡。

李君羡是隋唐时期的一位名将，一生为唐朝立下赫赫战功。隋朝末年，他在瓦岗寨中做李密的部下，后来成为王世充的部将，李渊起事后，他率领部队投奔唐军，一路追随李世民冲锋陷阵，屡屡立下奇功。武德三年（620），又随李世民在山西介休攻破宋金刚，被封为骠骑将军，次年在洛阳征讨王世充，大破其粮草，之后又大破窦建德、刘黑闼。贞观元年，突厥进犯，距长安仅四十里，李君羡与尉迟敬德击退突厥，解除了对长安的威胁。唐太宗李世民曾经赞叹说，君羡如此勇猛，强虏何足忧虑。作为一名著名将领，李君羡官至左卫府中郎将，封武连县公。令人扼腕的是，一代名将毁于巫谶之中。难怪宋代苏东坡感慨地认定"唐太宗以谶而杀李君羡"。

李君羡死后，唐太宗心头仍有余悸。据《资治通鉴》记载，他曾经秘密询问太史令李淳风："《秘记》说的可信吗？"李淳风肯定地回答："我仰观天象，俯察人间，这个人已在陛下的宫中了，自今起不过三十年，她就会称王天下，杀尽李唐的子孙。"太宗问："把那些疑似之人都杀了怎么样?"李淳风劝止说:"这是上天所命,不可违抗啊。如果妄杀无辜之人,上天或许会怨毒您的子孙!"太宗才打消了这个念头。

《太平广记》对这事记述得更加具体:武才人进宫之后,李淳风上奏太宗说:"后宫之中有天子气。"太宗命令宫人们列队检阅,一百人列一队。列队完毕,太宗问李淳风哪一个是,李淳风回答说:"此人在某一队中。"太宗把百人的一队分成两队,又问李淳风,李淳风回答说:"此人就在某一队中,请陛下自己找吧。"太宗找不出来,想把她们全都杀掉,李淳风赶紧劝阻说:"陛下要是不杀她,即使将来大唐暂时丢失了皇位,但江山社稷可以延长;要是把她杀了,她就会变成男子,到时损灭的就会是整个李氏皇族了。"太宗听了才没有动手。

这件事情从另外一个侧面说明,李君羡事件发生之时,武才人在宫中并不引人注目,正是因为她的籍籍无名,才使她能够得以保全,否则极有可能被太宗识出,成为刀下之鬼。这样一来,唐朝的历史将会是另外一个样子。也许这就是庄子笔下的无用之用的生动事例吧。对武才人来说,在这漫长的深宫岁月中,默默无闻的她接受天子的恩宠寥寥可数。她像一朵娇媚的鲜花,盛开在深宫之中十一年而无人赏识,真可谓"宫花寂寞红"。

赐朕还是私朕?

贞观二十三年,唐太宗驾崩。依照旧例,未有子女的宫人须入寺院为尼。这年八月太宗安葬后,武则天与其他宫人一起,黯然告别皇宫，被送进了感业寺。她与连同十一年前立下的那个宏愿，一起被浸入无望的黑暗中。这一年武则天二十六岁。

感业寺位于长安城的西北，是一个幽闭旧朝宫人的地方，与世隔绝是它的主要特点。凡是进入里面的宫人，万难再有与外面世界联通的机会。没入古寺的比丘尼武才人，将与青灯古佛相伴，度过她一生之中最为难熬的岁月吗？长夜漫漫，前途莫测，不知今生今世还能否有机会走出这座寺院？武才人在平静而又无望的礼佛中度着岁月，她的内心满满的都是无望，都是绝望。但她于无望之中似乎又有所期望。她曾经在太宗生前和身后种下了一颗感情的种子，她期待着种子发芽。在与世隔绝的感业寺内，这是她走出去的唯一希望。那希望像一条若有若无的丝线，像夜空里的一星火烛，在她无望的生活中闪烁着。它纤细单薄，似断还续，在风中飘来隐去，似有还无。这是她与外界情感的唯一的联系。

我们翻检《全唐诗》，有一首记于则天皇后名下的乐府诗，名曰《如意娘》，记下了她的这种相思之情：

> 看朱成碧思纷纷，
> 憔悴支离为忆君。
> 不信比来长下泪，
> 开箱验取石榴裙。

这里的武则天为相思而苦着。她为情人思绪纷纷，颜色憔悴，形容枯槁，泪飞如雨。这是世间寻常女子的幽思之情吗？不是的，它是

洛阳龙门石窟
奉先寺卢舍那大佛

属于深处高墙大院的感业寺内的武才人的,她与世隔绝,一切杳无音信,因而她的思念是绝望的。她这朵寂寞开无主的宫花,能够找得到欣赏她的人吗?

直到三年之后,在新皇高宗李治服丧期满后的永徽二年(651)七月,一辆宫车停在感业寺门前,将比丘尼武才人接出,一路狂奔直向宫城而去。

武则天这朵寂寞的宫花,直到与高宗李治相遇,才接受到欣赏的目光。

李治登上皇位,是他起初没有想到的事情。贞观十七年,太子李承乾与太宗第四子李泰因为争夺太子之位而爆发了激烈的斗争。太子李承乾试图谋反,事发被流放黔州,黜为庶人。依照大唐《户婚律》的相关规定,李承乾被废,其同母弟弟李泰应为太子。李承乾激愤地对太宗说："我贵为太子，更复何求？如果不是李泰的逼迫，我怎么会谋反呢？您要是立他为太子，刚好中了他的圈套！"太宗看到兄弟之间因为太子之位而手足相残，自己曾经一手导演的玄武门政变的悲剧又将在他的儿子中间上演，他痛苦不堪，几不欲生，史书说他"自投于床"，抽出佩刀想要自杀，幸亏被人拦住了。沉静下来的太宗决心堵塞乱源，将李承乾和李泰同时废弃，立他们的同母弟弟晋王李治为太子。正所谓鹬蚌相争，渔翁得利，这里又为人们提供了一个经典例子。

李治是长孙皇后的小儿子，在太宗李世民的儿子们中排行第九。他在九岁那年失去母亲，这让幼小的李治极为悲痛。太宗疼爱这个儿子，把他带入宫中，让薛婕妤教养他。贞观十七年，李治被立为太子时十六岁，比武则天小四岁。

武则天与李治之间的暗恋，《资治通鉴》有简单的记载："上之为太子也，入伺太宗，见才人武氏而悦之。"因为李治长期在宫中生活，特别是晚年的太宗龙体有恙，需要李治的照顾。武则天的职责是安排皇帝宴寝，二人极有可能在此期间有所接触，有所倾慕。这个场景，在明人所写的《如意君传》中有生动的细节描写：

> 父皇不豫，高宗以太子入奉汤药，媚娘侍侧，高宗见而悦，欲私之，未得便。会高宗起如厕，媚娘奉金盆水跪进，高宗戏以水洒之。且吟曰："乍忆巫山梦里魂，阳台路隔岂无闻？"媚娘即和曰："未漾锦帐风云会，先沐金盆雨露恩。"高宗大悦，遂相携，交会于宫内小轩僻处，极尽缱绻。既毕，媚娘执御衣而泣

曰:"妾虽微贱,久侍至尊,欲全陛下之情,冒犯私通之律,异日居九五,不知置妾身何地耶?"高宗解所佩九龙羊脂玉钩与之,曰:"即不讳,当册为后。"媚娘再拜而受,自是入侍疾,辄私通焉。

这是有关两人有染的流传最为广泛的传说,包含了爱情所需的要素:爱慕、性、承诺等等,一直为人所乐道。

当然,这种场景可能只是文人的想象和杜撰。试想,在防护森严的皇宫之中,他们两人即使相互爱慕,也未必敢于迈出私通的这一步。一则武则天毕竟是李治父亲的才人,与之有私则为乱伦;二则李治贵为太子,在太宗重病缠身之际,他会为了一时的冲动而抛弃即将到手的江山?这里存在的可能是,李治与武则天相见后,一见倾心,李治是一个文弱的青年,他极为聪明,性格安静内向,对人有依赖心理;而武则天那时刚刚二十岁,她性格坚强,有着很强的自立精神,七年的宫中生活,早已把她历练得果敢洒脱。这样,两人的性格正好形成互补,这对年轻的李治来说有着强烈的吸引力。后来高宗李治在永徽六年(655)颁布的《立皇后武氏诏》中承认了这段隐情:

朕昔在储贰,特荷先慈,常得侍从,弗离朝夕……圣情鉴悉,每垂赏叹,遂以武氏赐朕,事同政君。

政君指汉宣帝的宫女王政君,宣帝因为太子伤心心爱的良娣去世,把王政君赏赐给太子,以示安慰,太子即为后来的汉元帝。高宗诏书把自己与武则天的隐情说成是得到了太宗的恩准，实则证实这段隐情的存在。而这，正是感业寺中的武则天所拥有的那一线希望。

皇后的成全？

武媚娘在感业寺内万念俱灰之际，老天为她安排了一次出头机会。永徽元年（650）五月，先帝驾崩一周年之忌日，感业寺迎来了当今的天子——被后人称为高宗的李治，那位她曾经留情的文弱少年，现在已是大唐帝国的皇帝了。她不敢相信自己的眼睛，相信运气如此之好。此前在皇宫里、在先皇的病榻旁种下的那颗爱情种子，如今生根发芽了。

为敬爱的父皇上香祭奠，是李治前来感业寺的理由。在他的心中，还有一件让他牵挂的事情，就是看望被幽闭于寺中的武媚娘。一年来，武则天妖娆妩媚的身影时时出现在他的面前，令他难以忘怀。这对于一位拥有后宫佳丽三千人的天子而言，是多么地不可思议。

武则天与李治相见，是一对特殊的情人在无望之后的意外重逢。相会的场景，《唐会要》说"上因忌日行香见之，武氏泣，上亦潸然。"两人潸然泪下，何等激动。温柔多情的李治在时隔一年后又见到了朝思暮想的武媚娘，是情人间浪漫重逢时的感动。武则天则不全是《如意娘》里所说思念得以实现的感动，她感慨更多的，是一种柳暗花明、峰回路转的不期而遇。她终于盼来了今天，预感到自己可以重新走出这座沉沉寺院，过一种全新的生活了。

也是上天成全武则天，她与皇帝相见的消息风一样传入皇宫，传到王皇后那里。王皇后在为一件事情困扰着。像无数个深宫故事一样,王皇后正面临着另一位女人的争宠,这位女人是夫皇的宠妃萧淑妃。《新唐书·武后传》说:"王皇后久无子,萧淑妃方幸,后阴不悦。"王皇后背地里对萧淑妃很不高兴。这里既有失宠的忧虑,也有女人之间天然的妒忌。王氏贵为皇后,又出身于高门大族的太原王氏,背后有强大的外廷势力支持着她,但她时有自己皇后地位并不牢靠的危机感。首先,那时皇帝最为宠幸的女人不是她,而是萧淑妃。另外王皇后有一个致命弱点——无子。在那个时代,无子是"七出"的第一条。所谓"七出",就是古代丈夫可以休妻的七条理由。被皇帝宠幸的萧淑妃生了一子二女,特别有成就感,就趁机向她发动了猛烈的攻势。特别让王皇后不安的是,她在永徽元年正月六日刚刚立为皇后,萧淑妃的儿子李素节就被封为雍王。雍州即京城所在之地,地位重要,很少封给妃嫔所生之子;萧良娣又升为位次仅代逊于皇后的淑妃,这似乎给王皇后发出了不祥信号,让王皇后感到极大威胁。这是一个常见的皇宫斗争故事,女人何苦为难女人。可这是在斗争残酷的皇宫之中,在所难免。

这时皇帝会见武则天的消息让王皇后喜出望外,她认为对付萧淑妃的机会来了。她决定利用此事,来对付咄咄逼人的萧淑妃。《唐会要》说王皇后厌恶萧良娣,遂召武则天入宫,"以间良娣之宠"。既然夫皇喜欢武则天,那就把她召进宫来,两人联手,肯定强过自己单打独斗。这里可以看出,王皇后可不是出于什么被两人的爱情感动,也不是她心胸宽广不妒红颜,她是出于自己不可告人的目的。正是基于这样一条简单推理,王皇后一经确定,便着手准备。按照史料记载，王皇后派人秘密进入感业寺，让武则天蓄起头发，等待入宫的时机。

就武则天来说，自己本来毫无前景可言，不想上天眷顾，让她于濒临绝望之际峰回路转，赋予她一个千载难逢的机会。机不可失，失不再来，聪明敏锐的武则天果断抓住了这次机会，蓄起头发。永徽二年，皇帝丧期已满，武氏头发也已长长，可以梳髻了，王皇后就建议夫皇宣召武则天入宫，明着是为了成全自己丈夫，暗中夹带自己利用武则天以疏离夫皇对萧淑妃宠爱的私货。浪漫多情的皇帝早已将心寄系于武氏，只是因为不合规矩而迟迟没有行动，皇后的建议真是雪中送炭，正中他的下怀。这样，武则天在离开皇宫三年之后，重又回到宫中。

则天皇后

武则天的再次入宫毕竟不是多么光彩的事情,为了遮人耳目,武则天并未正式成为一百二十一员妃嫔之一,而是以一名普通宫人的身份。被王皇后纳入后宫。

这时,邀她入宫的王皇后与情敌萧淑妃之间的矛盾正趋尖锐。依据一般的逻辑,萧淑妃既然深得皇帝宠幸,被晾在一边的王皇后便不能安之若素,不管不问。在她的心里,她宁愿高宗另得一人心,也不愿让萧淑妃因自恃有子而专宠。这颇得"宁与外人,不与家奴"的处事哲学的精髓。这种常人所具有的妒忌,以及对自身地位的隐约担忧,在王皇后身上表现得淋漓尽致。对萧淑妃来说,自己的身份自然不能比肩王皇后,但她仰仗有皇帝的宠爱,加上自己的泼辣性格,她对武则天的到来也持一种无畏态度。既然王皇后搬来了皇帝旧日的情人来离间我,那就分一些宠幸与她,你王皇后不让我好过,我也要与你斗争到底。再说,一位小小的宫女,又能掀起怎样的波澜呢?

武则天在这样的背景之下走进皇宫,面对皇帝、王皇后和萧淑妃,开始了她与王皇后、萧淑妃三个女人之间的战争。她以冷静智慧的目光观察着一切。她有过那段令人绝望的感业寺经历,如今终于脱得牢笼,重新入宫,如何能够轻易放过?她冰雪聪明,处事小心翼翼,在很短的时间就看透了皇帝和宫里两位最有权势的女人的关系。她利用王皇后和萧淑妃留给她的空间,极尽所能狐媚皇帝。而皇帝与她有过刻骨铭心的情感历程,如今有情人终成眷属,对她自然如痴如狂。她不介意甚至很欣喜王皇后和萧淑妃把自己当作对付对方的工具,那不妨就权作工具。正是这种"工具"地位,使得皇帝放纵了对她的宠幸,她享受这难得的帝王之爱。

为了早日进阶,武则天紧紧抓住王皇后的"知遇"之恩,不惜下辞降礼侍奉她,显然成为皇后一派的人。毕竟,自己今天的出头之日仰赖于王皇后的拔擢。同时,她努力搞好与其他宫人的关系,热情侍奉妃嫔,和蔼对待左右宫女。这样皇帝"谓能奉己",对她宠爱有加;王皇后也很高兴,多次在皇帝面前赞誉武则天,妃嫔们对她也是交口称赞。皇帝本来就用情于她,武则天因而获得皇帝大幸,被立为昭仪,这个时间应在永徽三年(652)十月至四年七月怀李弘期间。昭仪是正二品的九嫔之首,地位直逼淑妃。

三个女人的战争

皇帝与武则天的感情犹如火山爆发，他被这位狐媚的新欢深深迷恋了。皇帝是一位性格柔弱的新君，深受儒家治国安邦思想的熏陶，处理政事老成持重；而武昭仪涉猎古今，观察时事犀利锐敏，正好补了新君的性格不足。夫皇与武昭仪有深厚的感情基础，性格上又互补，武昭仪年长夫皇几岁，性格泼辣爽利，才是夫皇心目中想要的女人。皇帝一旦与武昭仪结合，犹如鸟儿增添了飞腾的羽翼。这一点，是在王皇后或者萧淑妃那里无论如何也找不到的感觉。

曾经被皇帝百般宠爱的萧淑妃如今失宠了。这可以从武昭仪受宠以后的生育记录间接证明。武则天进入皇宫三个月后即怀身孕，第二年七月生下第一个儿子李弘，这说明她入宫不多久即获得皇帝大幸。此后，武氏在昭仪期间又连续为皇帝生下一儿一女，儿子是李贤，女儿早夭。而与此同时，萧淑妃和其他宫人再无生育记录。这从侧面反映出，武则天所受的恩宠，很快超过了萧淑妃，皇帝几乎将三千宠爱集于武昭仪一身了。《唐会要》说，武才人"既入宫，宠待踰于良娣"。武则天用了很短的时间就实现了自己的第一个目标。

武昭仪这种享受皇帝专宠的速度和强度，让王皇后和萧淑妃五味杂陈。《新唐书·武后传》说，武昭仪"一旦顾幸在萧右，寝与后不协"，一旦得势，白眼狼的面目就暴露出来了。她不但善做过河拆桥之事，辜负于有恩之人王皇后，而且不肯居人之下，将目标投向了皇后之位。这非常符合武昭仪的性格。武昭仪仰赖王皇后进宫，在初入宫时确实讨好王皇后，但以她锐意进取的性格，她不会甘愿一辈子做昭仪，屈居这位年轻美丽而权计不足的王皇后之下。史书说武昭仪"有权数，诡变不穷"，在深宫斗争之中诡计不断。王皇后不明就里，以为这些都是自己的功劳。可见她从太子妃到现在，没有真正了解夫皇的性格，不知道夫皇想要什么，也可看出王皇后并不太了解这个叫媚娘的前朝才人，她并不知道这个才人的厉害要比自己比萧淑妃强上多少倍。

历来后妃争宠都是宫廷常见的宿命。王皇后刚刚借武昭仪之手离间了皇帝对萧淑妃的恩宠，没想到请来的武昭仪更是难缠，"前门拒狼，后门进虎"正是她现在的尴尬处境。鸠占鹊巢，武昭仪这只猛虎要比萧淑妃凶狠多少，她不但吞下了萧淑妃，连为她开门迎纳的人也要一并吞了。武昭仪现在已不是皇后这一派的人了，她背靠皇帝这座大山，开始脱离王皇后，俨然成为后宫一个新崛起的势力，一座独立于王皇后和萧淑妃之外的第三座山峰。加上武昭仪特别善长机谋，王皇后和萧淑妃根本不是她的对手。

武昭仪受到皇帝恩宠，又进为昭仪，就把矛头对准了后宫最高位置——皇后。武昭仪先依附于皇后，待翅膀硬了时机成熟便相脱离，直至要取代她的皇后地位，所谓螳螂捕蝉，黄雀在后。手段极其毒辣，也极为机巧。武昭仪用对付萧淑妃一样的手段对付王皇后，有些甚至更为高明。她最擅长使用的手段，是一场包围王皇后的密不透风的信息战。她细细研究了王皇后的性格，决定从其最薄弱处下手。史书记载王皇后美丽贤惠而计谋不足。《旧唐书·高宗废后王氏》说王皇后"有美色"，《新唐书·王皇后传》说她"婉淑"。晋王李治被立为太子时，王妃被册立为皇太子妃，太子当上皇帝后，她被策立为皇后。王皇后出身高门，受过极好的教育，从外貌到涵养都符合皇后的规范。但她与权谋多智的武昭仪相比，性格有明显不足。史书说："后性简重，不曲事上下，而母柳见内人、尚宫无浮礼"。王皇后深居宫中，生性简易自重，不会逢迎上下。她的母亲柳氏对待下面的宫女、尚宫时也不虚饰礼待。从这里看来，王皇后与宫女、尚宫的关系并不是特别密切。武昭仪既以王皇后为攻击对象，那就是她现在的敌人。凡是敌人反对的，她就要拥护，武昭仪感觉这就是问题的突破口。武昭仪抓住这一点，在宫内大肆结交拉拢。那些凡是鄙视皇后的人，武昭仪一定深相交结，她把从皇帝那里得到的赏赐全都分赠给他们。史书说："故昭仪伺后所薄必款结之，得赐予尽以分遗。由是后及妃所为必得，得辄以闻，然未有以中也"，可以说是拉拢收编其他宫人进行情报战，以取得信息优势。宫廷妃嫔争宠相谮，乃是司空见惯之事。所以王皇后和萧淑妃的一举一动，都被武昭仪知悉，但她向皇帝的进言也没有起到什么作用。

王皇后和萧淑妃为了对付共同的敌人，两人捐弃前嫌，由昔日的竞争对手结成了统一的反武同盟。史书说："良娣、王皇后协心谋之，递相谮毁"，两人在皇帝面前争相诋毁武昭仪。但这时确实晚了，皇帝对两人的坏话根本听不进去。因此在这段期间，皇帝对王皇后和武则天双方保持着平衡关系，对双方的谮毁都不入耳。

作为一国之后，王皇后乃当今皇帝的结发妻子，也非等闲之辈。站立在她身后的，是强大的关陇集团。永徽三年，武则天已经怀有身孕，这引起了王皇后及其族人的恐慌，武昭仪已经得到皇帝恩宠，要是再生下皇子，王氏的皇后地位很有可能不保。对此，王皇后的应对之策是依靠外廷的朝廷重臣，抢在武则天之前立高宗长子李忠为太子。高宗李治这时已有四个儿子，宫人刘氏为他生下长子李忠，郑氏生下次子李孝，杨氏生下三子李上金，萧淑妃生下第四子李素节。前三子的生母都是后宫宫人，地位卑贱，而以皇帝曾经宠爱的萧淑妃身份最高。按照立嫡长子为太子的惯例，李忠虽然为长子，但其母亲地位卑微，不能入继大统。王皇后便收李忠为养子，希望借立李忠当太子来稳定自己的皇后之位，这样一者可以阻止武昭仪万一生子后与自己争夺皇嗣，进而危及皇后的宝座，也能堵住和武昭仪同样危险的萧淑妃的路子，可谓一箭双雕。

永徽三年七月，王皇后的舅舅，新拜宰相中书令的柳奭，在得到朝中重臣的支持后，与太尉长孙无忌、宰相褚遂良、韩瑗、于志宁一起，"固请立忠为储君"，奏请皇帝立李忠为太子。长孙无忌、褚遂良是顾命大臣，在皇帝的面前说话很有份量，他们的奏请因此很快得到了皇帝同意，李忠被立为太子。武则天清楚这是冲自己来的，可她只能隐忍不发。她通过这件事件知晓了王皇后背后外廷势力的能量。这，才是她往皇后宝座进军的主要障碍。

通往皇后的艰难之路

依照她不达目的绝不罢休的性格，武昭仪为了打破皇帝的平衡策略，给王皇后致命一击，不惜祭出最狠毒的一招，亲手扼死女儿，以嫁祸于王皇后。大约在永徽四年（653）底，武则天生下一个女儿。皇帝、武昭仪都捧为心头肉，一有空就来看孩子。有一次，王皇后前来探望孩子，在王皇后离去之后，小公主便离奇死去，正被下朝后赶来看望女儿的皇帝李治遇上。在武昭仪的花言巧语下，李治认为王皇后就是凶手，从而产生了废掉皇后的念头。

《唐会要》的记载是："昭仪所生女暴卒，又奏王皇后杀之，上遂有废立之意。"这里说了三件事情：武昭仪新生的女儿暴亡，武昭仪向皇帝上奏说是为王皇后所杀，皇帝听信了，遂有废王皇后的意思。至于武昭仪女儿如何暴亡，史书并没有说明。武昭仪利用这个机会上奏皇帝，说是王皇后杀死了公主，唐高宗对王皇后的态度发生了变化。

《新唐书·后妃列传》说，武昭仪生下女儿，皇后去看望逗弄。皇后走后，昭仪暗中把亲生女儿弄死在被子下，故意等着皇帝来。皇帝退朝后来看孩子，武昭仪看到皇帝，欢天喜地地跟皇帝说笑，让皇帝逗弄孩子。武昭仪揭开被子，看到女儿已经死去。武昭仪瞬间崩溃，质问看护孩子的宫女都有谁来过，宫女们害怕地说："皇后刚刚来过。"武昭仪痛苦地哭喊起来，皇帝不明就里，以为是皇后把孩子弄死了，愤怒地说："是皇后杀了我女儿！过去她和淑妃相互嫉妒诋毁，现在又干出这样的事！"这一记载告诉我们，小公主不是自然死亡，而是被自己的母亲亲手杀死，然后嫁祸于王皇后。换句话说，武则天不是利用了这件事，而是她精心策划了这场阴谋，直接导演了这场悲剧。

《新唐书》的记载最为详细，它把小公主的死亡原因直接归于武昭仪，而排除了小公主是自然死亡的。但无论是哪一种说法，武昭仪借小公主之死而诋毁、嫁祸王皇后，其用心都是一样的。可怜的小公主尚在襁褓之中，便被自己的母亲利用，成为母亲手中一个可悲的道具。

有人会怀疑此时的武昭仪有没有杀死自己女儿嫁祸于王皇后的动机。从武昭仪一生所犯下的令人发指的罪行来看，这是很有可能的。你看她后来诛杀大臣、铲除李唐宗室、杀死武氏子孙来看，手段毒辣，非一般人所能为。在这个时候，为了嫁祸于王皇后，尽早结束这种胶着状态，她很有这样的杀人动机。如果玩味一些细节，可以看出更多的猫腻。在人们一般的思维中，虎毒不食子，武则天是公主的母亲，她不会杀死自己的孩子。但要知道，武昭仪并不是一个按照常理出牌的人。她在皇帝看到孩子死了之后，问："都有谁来过？"这种问是把自己排除在外的。所以在宫人说王皇后来过时，人们自然把武昭仪排除了，而把矛头都对准了王皇后，这使王皇后百口莫辩。

从王皇后这个角度来说，王皇后没有杀死小公主的动机和性格。在她与武昭仪就皇后的争夺之中，两人持胶着状态，平衡关系并未打破，而这种情况拖下去只会对王皇后有利。实在看不出，王皇后这样一个人会愚蠢到在众目睽睽大庭广众之下去杀一个人，而且偏偏选择一位小小的女婴，而且是皇帝的公主。再者，王皇后素来端庄严肃，她虽然也玩一些心机，但她有皇后的尊严，她的目前任务是保住自己的皇后地位，而不会如昭仪那样着急，百般地狐媚皇帝。

武则天玩弄的嫁祸于人的阴谋手段取得了很大成功，皇帝对她是"愈信爱"，皇帝相信武昭仪诋毁皇后的话，为了安慰她的丧女之痛，追赠其父亲武士彟为并州都督。对于王皇后，尽管没有受到皇帝惩处，但她在夫皇心中的地位一落千丈，史书说"帝始有废后意"，皇帝开始有了废王皇后的念头。王皇后的舅舅柳奭为此很不安，要求辞去宰相之位，这样大大削弱了王皇后背后的靠山。

宸妃梦破

　　武则天冲击皇后宝座失败了，她总结教训，决定退而求其次，请求皇帝立其为宸妃。宸妃有着深刻的内涵，宸，即北辰，北极星。孔子说"为政以德，譬如北辰，居其所，而众星拱之。"以宸为号，显得意味深长。依照当时的内官制度，昭仪是内宫正二品，"九嫔"之首，但其地位次于妃。妃的地位仅次于皇后，与居正一品的"夫人"是相同的等级。妃的数量只有四员，分别是贵妃、淑妃、德妃、贤妃。著名的玄宗妃子杨玉环，就是贵妃，高宗皇帝曾经宠幸过的萧妃封号为淑妃。但四妃之中没有宸妃之号，如今要立为宸妃，无异于要打破国家内官制度，另外特置，这事情也特别能反映出皇帝对武昭仪的恩宠。不过，打破妃嫔制度已经不是内宫之事，需要由大臣朝议。当皇帝向以长孙无忌为首的宰相们提出来时，被两省宰相侍中韩瑗和中书令来济坚决谏止了，他们的理由为："妃嫔的数量是有规定的，现在另立别号，不可以。"他们说得冠冕堂皇，合乎国家法规，那时的皇帝还非常听取这帮旧臣的话，只好作罢。武则天看到眼里急在心上，却也无可奈何。不过，此事使武则天认识到，虽然自己可以在宫内呼风唤雨，但很多事情需要由外朝决定，因此自己一定要在外朝有人支持，尤其是要取得宰相的支持。这是一个干预朝政的认识，它不但改变了武则天的命运,也大大改写了大唐的历史走向。

厌胜是何阴谋?

营求宸妃的打击并没有消磨武则天的斗志,相反地,她那种越挫越勇的潜力被激发出来了。她索性不再理会什么宸妃,而是开始冲击皇后宝座。为了彻底将王皇后击垮,武昭仪又施诡计,这一次她无中生有,使用诬陷绝技,把罪恶的污水泼向清白之身,这就是发生于永徽六年(655)六月武昭仪诬陷王皇后和她母亲柳氏的厌胜事件。

"厌胜"又称"压胜",是古代民间流行的一种巫术。古人认为诅咒、书符等可以产生魔力,以此来厌服人或物。古代普遍流行的厌胜形式有咒语、画符、蛊术等。王莽曾经用五石铜铸作"威斗","若北斗,长二尺五寸,欲以厌胜众兵。"杜甫《石犀行》:"自古虽有厌胜法,天生江水向东流。"最常见的做法是以木头刻一小人,将要诅咒之人的名字、生辰八字写于其上,再以扎针,施以诅咒,古人相信这样可以使受诅咒之人得病或者不幸。在那个时代,厌胜是一种违背正道的行为,因此厌胜在当时是一种重罪,属于"不道"的十恶之一,是比照谋杀罪量刑的,只比谋杀罪减轻二等。

《旧唐书·高宗废后王氏传》对此事记载较为详细。王皇后谮毁武昭仪之言,皇帝始终听不进去,而对昭仪的宠幸礼遇越来越深。王皇后深感恐惧不安,私下和母亲柳氏祈求巫祝以诅咒制胜。《新唐书》与《旧唐书》对此事的记载大致相同,只是指明是武昭仪诬陷皇后母女,罪名是比厌胜更为严重的"挟媚道蛊上"。事情被人告发了。告密者谁？那时的史料和民间多认为是武昭仪。因为从当时与王皇后有纠葛的从事关系来看，只有武昭仪有这样的可能和能力。试想"厌胜"或"挟媚道蛊上"都是十恶的死罪，其厌胜对象若是皇帝或者皇后，更是罪不可赦的死罪，谁敢轻易为之？就此来说，王皇后母女可能并没有行"厌胜"之事，而是武昭仪刻意炮制的诬告案，意在要置王皇后于死地。

皇帝得知此事大怒，想到以前王皇后在自己面前频频说武昭仪坏话，又有杀死公主的嫌疑，就相信了武昭仪的话。而王皇后素来缺少心计，在危急关头更是乱了方寸，没有办法证明清白，也只能被动承受。皇帝打算废黜皇后，但长孙无忌、褚遂良、韩瑗、来济等人以死相谏，因而犹豫不决。毕竟，武昭仪诬告的痕迹过于明显，这样的厌胜由头不容易坐实，遂没有按照刑事案件处理，但皇帝由此立下了废王皇后的决心，史书说"帝遂将废之"。对于其他涉事人员，皇帝也没有下杀手，只是禁止魏国夫人柳氏入宫，将王皇后的舅舅中书令柳奭罢免宰相，贬为遂州刺史。

皇帝也怕长孙无忌？

清除了王皇后的亲属，武昭仪觊觎皇后之位的最大障碍，是来自以长孙无忌为代表的关陇集团的强大阻挠。他们是王皇后实力最强的后盾。这个集团的主要成员有右仆射、同中书门下褚遂良、中书令韩瑗、中书令来济等，而以长孙无忌为核心。长孙无忌是两朝元老，实际履行大唐帝国总理之责。

长孙无忌祖上为鲜卑人，后来改姓长孙氏，是北魏时期十大帝裔之一。其父早亡，他由舅舅高士廉抚养长大。妹妹十三岁时嫁给李世民，就是有名的长孙皇后。长孙无忌与李世民年纪相仿，两人年轻时即相友善。李渊的军队渡过黄河时，长孙无忌前来投奔，从此跟随唐太宗李世民东征西讨，成为深受倚重的臣子。武德九年（626），长孙无忌协助李世民发动玄武门之变，替他夺取帝位立下大功。贞观十七年，长孙无忌在唐太宗大宴功臣二十四人于凌烟阁时，位居第一。长孙无忌封齐国公，拜授尚书右仆射，他以第一元勋和外戚的显赫身份，受到太宗的特殊礼遇，常常出入其卧寝之内。长孙无忌受到唐太宗极大信任，有人给唐太宗秘密上表批评长孙无忌，太宗把奏章拿给长孙无忌看，又召见百官说："朕如今儿子都小，长孙无忌对朕实有大功，朕对他的托付如对自己儿子。朕不会受人挑拨。"

长孙无忌在立晋王李治为太子时也立下头功。唐太宗曾在立太子之事上犹豫了很久，有一天他把长孙无忌等人召在跟前说："我想立晋王为太子。"长孙无忌说："谨奉诏命。那些有异议的人，臣请求斩杀之！"太宗立即对晋王李治说："舅舅答应立你为太子，赶快拜谢！"李治给长孙无忌下拜。太宗又问："我们的意见一致了，不知舆论怎么样？"长孙无忌说："天下人早就知道晋王仁慈孝顺，即使召集百官询问，一定无人反对。"太宗见李治众望很高，非常高兴，他在太极殿召见六品以上文武官员，宣告立晋王为太子。太宗让长孙无忌当太子太师、同中书门下三品。前者即为太子老师，后者相当于宰相，人们称呼他为"同三品"。后来，太宗又想改立吴王李恪当太子，长孙无忌在太宗面前力争，保住了李治的太子地位。

唐太宗临终之际，长孙无忌是托孤之人。贞观二十三年，唐太宗病重召见长孙无忌和褚遂良说："朕把以后事全都托付给你们。"让二人辅佐太子。又对李治说："有无忌、遂良在，你不必担忧天下！"他知道李治仁孝，而长孙无忌位高权重，容易受人谗间，就特别交待褚遂良要保护长孙无忌，他说："长孙无忌忠心于我，我有天下，大多是他出的力。你辅政以后，不要让谄媚之徒伤害他。如果这事发生了，你就不再是臣子了。"

就此而言，长孙无忌是唐太宗和唐高宗两朝的拥立元勋，他与当今皇帝李治是母舅、元勋、首相的身份，关涉亲情、功勋、权臣和顾命受托。长孙无忌在太子李治即皇帝位后，被拜为太尉、同中书门下三品，官阶比其他宰相高出很多。在国家政事上，很多事情的处理都听长孙无忌的意见。长孙无忌与褚遂良忠心辅佐，一时出现了永徽之治的太平景象。

长孙无忌因为有着这样一层关系，对皇帝李治辅政特别尽力。特别是在一些大是大非上，更是雷打不动，有时他也会让当今皇帝为难。对一心想往上升的武昭仪来说，长孙无忌、褚遂良更是一座难以逾越的高山。

但长孙无忌在位显势高之际有点飘飘然，他严重挤压了皇帝挥洒的空间，让李治感受到了压迫。举一个极端的例子——房遗爱案。房遗爱是房玄龄的二儿子，娶太宗女儿高阳公主为妻，高阳公主骄横跋扈。房玄龄去世后，长子房遗直继嗣。永徽年间，公主谋划罢黜房遗直以夺其封爵，就诬告房遗直对自己无礼。皇帝命令长孙无忌审问此事，不想事情逆转为公主与房遗爱谋反，房遗爱被处以死刑，公主被赐自尽，子女们流放岭南。事情往下发展牵连出一大批人，包括与皇帝关系亲密的六叔荆王李元景和三哥吴王李恪。皇帝就顾不上自己形象，哭着对宰相们说："荆王是朕的叔父，吴王是朕的兄长，朕想免除他们死罪，行吗？"生杀予夺的皇帝都哭到这种份上，怎么也得给个面子吧。但事实上，长孙无忌他们真不给这个情面，二人还是被赐死。

由于公主之死和厌胜事件，加上武昭仪在背后所进的无数谗言，皇帝对王皇后没有了一点好感；武昭仪又屡次当面提出立自己为后的要求，皇帝决心日益坚定，要废王皇后立武昭仪为后。但废后是一件国家大事，高宗心意已决，却并不能独断专行，他还得按程序走，需要与宰相们朝议。但不想一提出，就遭到了他们的反对。特别是长孙无忌，更是不容置疑，几乎没有商量的余地。

皇帝看到长孙无忌态度坚决，就亲自到长孙无忌府第，与他设宴畅饮，席间相谈甚欢，他提升长孙无忌的三个儿子为朝散大夫，贿赂笼络长孙无忌的意味相当明显。酒酣耳热之际，皇帝趁机说起王皇后无子，暗示他想要改立皇后，长孙无忌听后却不接话，顾左右而言他，这让皇帝和武昭仪很郁闷，不欢而散。一计不成又生一计，皇帝派遣使臣秘密赏赐给长孙无忌金银宝器各一车，锦帛十车，以相取悦。皇帝贿赂大臣，这事并不多见。皇帝做什么事情不可以，还要亲自贿赂自己的臣子。长孙无忌收受了贵重的礼物，却不接受皇帝的情面，依然没有答应皇帝和武昭仪。这事情办得多让人感觉可笑。武昭仪看到长孙无忌收受礼物却不办事，恨得牙痒，又无法发作，就让母亲杨氏多次到他家中祈求，长孙无忌都没有答应。又让礼部尚书许敬宗多次劝说请求，都被长孙无忌还之以严厉斥责。

看事情不成，皇帝把长孙无忌、于志宁和褚遂良召来，对他们说："武昭仪有美德，朕想立她为皇后，你们认为怎么样？"皇后没有儿子，而昭仪已经生了儿子，一定要立武昭仪。长孙无忌说："自贞观二十三年后，先皇帝把国事托付给褚遂良，希望陛下问他可不可以。"褚道良也竭力劝说不让立武昭仪。唐高宗屡遭碰壁之后，改立皇后的事情只能暂时搁置。

皇后梦圆

武昭仪在外廷的第一批支持者，是被人称为"李猫"的李义府。李义府在高宗即位后任中书舍人，他貌似温和恭顺，与人说话总是和颜悦色，然而心胸狭隘，内心阴险狠毒。他当权执政以后，想使别人依附自己，别人稍微违背自己意愿，就极力加以陷害。所以当时人们说李义府笑里藏刀，又因为他外表温和却陷害他人，又称他为"李猫"。李义府被长孙无忌所厌恶，被逐出京。李义府听到高宗打算立武昭仪为皇后，暗中上表请求废王皇后，立武昭仪。皇帝非常高兴，赐珠一斗，并留任原职。武昭仪还派遣密使劳勉他，他也因此升任中书侍郎、同中书门下三品，监修国史。在这之后，废立皇后的消息为朝野所知，一批人成了武昭仪的心腹，如许敬宗、王德俭等，被武后视为"翊赞之功"。

有了外廷大臣的支持，永徽五年九月一日，皇帝在内殿召见太尉无忌、司空李勣、左仆射于志宁和右仆射褚遂良四个宰相，李勣称病不至。他们私下议论说:"应该是因为昭仪立后的事情。"有人说:"长孙太尉当先言之。"遂良说:"太尉是皇上的舅舅,如果事情有不如意之处,就会使皇上有恼怒舅舅的名声,不可先说。"又有人说:"英公李勣为皇上之所倚重,应当先说。"褚遂良说:"李勣是国之元勋,如若不如意,会使皇上有罪功臣之名,不可。我褚遂良亲奉先帝遗诏,如果不尽自己的愚诚,有何面目地下见先帝!"褚遂良打算以顾命之臣的身份,首先响应皇帝。

三位宰相进殿后,皇帝看着长孙无忌说:"莫大之罪,绝嗣为重,皇后无嗣息,昭仪有子,今欲立为皇后,公等以为何如?"他提出的理由,还是不孝有三,无后为大。既然王皇后没有孩子,王皇后就不适合再为皇后。而武昭仪有子,立她是有充分依据的。

褚遂良回答:"皇后出自名家,先朝所娶,伏事先帝,无愆妇德。先帝疾甚,执陛下手以语臣曰:'我好儿好新妇,今将付卿!'陛下亲承德音,言犹在耳,皇后未有愆过,恐不可废。臣不敢从,上违先帝之命!"褚遂良的理由是,王皇后出身高贵,又是先帝在时所娶,她本身并没有什么过错。无错而废,怕与国家法律不符。他引用的是"三不去"的原则。褚遂良又语气强硬地说,如果废后,即是违背先帝之命。皇帝以如此温和的语气与宰相协商,不想受到如此顶撞,心里很不高兴。

第二天,皇帝又召见宰相,再提立后之事。褚遂良回奏说:"陛下若必须别立皇后,伏请妙择天下令族,何必要在武氏?且昭仪经事先帝,众所共知,陛下岂可蔽天下耳目?使万世之后,何以称传此事?陛下傥亏人子之道,自招不善之名,败乱之端,自此始也!臣上忤圣颜，罪合万死，倘得不负先帝，则甘从鼎镬！"他的意思有两点：一是如果皇帝一定别立皇后，天下的有德女子很多，不必非是武氏。二是武氏曾侍奉先帝，众所共知，此人不适合做皇后。褚遂良说完这些还发飙了，他将手中的笏放在内殿的台阶上，以头叩地流血，说："请还陛下此笏，乞求放我回归乡里吧！"皇帝大怒，命人将他牵引出去。武昭仪在帘后听到，恨恨地大声说："何不扑杀此獠贼！"无忌赶紧说："遂良受先朝顾命，有罪不可加刑！"将他保护下来。

这次激烈的廷议，以褚遂良叩头流血、终于被逐而告结束，这对长孙无忌集团是一个极大的打击。皇帝本来温和地提出问题，没有料到褚遂良会如此发飙。依其软弱的性格，皇帝第二天重又提出此事，应该是在武昭仪的要求和监视下硬着头皮进行的。但昨天和今天，褚遂良一再地使自己和武昭仪难堪，那些昔日不堪之事竟然被他在公众面前大说，圣颜何在？而且褚遂良又对武昭仪行人身攻击，甚至波及其门第，难怪两人大怒。

褚遂良被引出后，侍中韩瑗知道此事，趁入内奏事之便，哭着向皇帝谏说道："皇后是陛下在藩府时，先帝所娶，今无愆过，即便废黜，四海之士，谁不惕然！且国家屡有废立，非长久之术也，愿陛下为社稷大计。"韩瑗与褚遂良所持理由大致相同，另外加上一条要为国家社稷考虑，也没有被皇帝接纳。第三天，韩瑗又入谏，为王皇后和褚遂良说情，也被皇帝"引出"。一连三天都是宰相反对，皇帝召来称病的李勣询问："朕欲立武昭仪为后，遂良固执以为不可。遂良既是顾命大臣，事若不可，难道就这样停止吗？"李勣回答说："此是陛下家事，何须更问外人！"皇帝得此支持，决心废王立武。

永徽六年九月初三日，褚遂良被罢相，外贬为潭州都督。十月十二日，皇帝下诏："王皇后、萧淑妃谋行鸩毒，废为庶人。母及兄弟并除名，流配岭南。"王皇后的父亲已故，也被定罪斫棺。十一月初一，在太极宫正殿右肃章门举行册皇后礼，大典由李勣主持，场面非常隆重，还破天荒进行了百官朝拜新皇后的仪式。武则天终于登上了皇后宝座。十八日，百官请立中宫，武氏被立为皇后。

女人的报复有多疯狂？

武昭仪、王皇后、萧淑妃三个女人的战争尘埃落定。王、萧二人束手就擒，在等待武则天发落。如同以往无数次的皇宫斗争一样，武则天对两人的处置冷酷而又令人毛骨悚然。王皇后和萧淑妃被废为庶人，囚于别院之中。禁闭她们的囚室极为封闭，没有窗子，暗无天日。墙上开有一孔，能够照亮一丝室内的黑暗。这个小孔不是她们和外界联系的一个通道，而是供给她们食物进出的一条狭小窗口。皇帝曾经宠爱的皇后和妃子落得如此下场，不禁令人唏嘘。

不知道为了什么，皇帝李治有一天忽然心头涌来一阵柔软，他想念起曾经宠爱的王皇后和萧淑妃，不知她们近况如何？他信步走进幽闭两人的地方，僻静的院子里并无两人形迹，李治不禁喊道："皇后、淑妃，你们在吗？"曾经的王皇后、萧淑妃，现在是王庶人、萧庶人的声音从那方孔中传出来，她们哭着说："我知道陛下会来看我们的。如果陛下还念昔日恩情，就让我重见天日，出入院中吧,就是我的再生之幸。"王庶人还说:"等我从这里出去,我想将此院改名为'回心院'。"人在绝境之中抱有求生的本能,王皇后还是对李治抱有极大的希望的,在她看来,李治能来此看她,就是不忘旧情的表现。再者,除了昔日的夫皇李治之外,没有人能够帮她,能够将她从这座幽冷可怕的地方带出。果然李治答应她说:"朕即有处置。"李治与王皇后、萧淑妃在这样的悲剧场景中会面,真使人肝肠寸断。

可是王皇后没有女尼武则天那样的运气。皇帝李治没有成为王皇后和萧淑妃的救星,反而成了两人的催命鬼。李治是一位仁恕儒弱的君王,为了爱情,他把自己完全交给了宠爱的皇后武则天。但他浑然不知的是,他的后宫左右早已被武则天收编,他与王庶人、萧庶人的会面,都不差分毫地即时传到了武则天那里。武则天对此非常恼怒,两个阶下囚,居然还让李治念念不忘!女人天然的妒忌心加上内心的恶毒,让武则天犯下了骇人听闻的暴行。她命令将王、萧两人各打一百杖。我们翻看《水浒传》,书里的那些好汉没有几个禁得住这一百杖的,何况这是两位弱女子。王、萧两人没有等来多情的皇帝,等来的是一道宣布死刑的圣旨。她们在宫人宣旨之后,王庶人拜了两拜说:"愿吾皇万岁。今天武昭仪承受皇恩,能有今天,这是我死有应得!"内心一片死灰。萧庶人则咒骂武则天说:"阿武狐媚皇上,才使我今天至此地步。希望我来生为猫,阿武为鼠,我要扼其喉咙以报今日之仇,就知足了!"武则天对两人进行了虐杀,她命令斩去被打得半死不活的两人的手足,投入酿酒的瓮中,武则天恶狠狠地说,一定要让她们骨醉。可怜王、萧两人饱受折磨几天后才死去。武则天在她们死后还不解恨，又命人将其尸体斩首。不久，武则天将王皇后改姓为"蟒"氏，改萧淑妃为"枭"氏，传说这样两人来世都不会转世为人。这是怎样的暴行啊！这些丧心病狂令人发指的可怕行为，比之于汉朝吕太后虐杀戚夫人一点也不逊色。据说这事也在武则天心里留下了阴影，她听说萧庶人的诅咒后，从此在宫中禁止养猫；她又常常梦见一人披发沥血如死时之状前来作祟，就开始在宫中做巫祝之事以求解脱，甚至传说她后来迁居蓬莱宫和终身多在东都洛阳，都是因为她经常感到有鬼魅作祟的缘故。

武则天当上皇后以后，开始挥舞铁棒，对外廷反对派重臣大打出手。她的首要打击对象，是多次上疏反对立自己为后的宰相韩瑗和来济。据《资治通鉴》记载，武则天当上皇后第三天，上表请求唐高宗褒奖韩瑗和来济。她说："陛下前以妾为宸妃，韩瑗、来济面折庭争，此既事之极难，岂非深情为国！乞加褒赏。"这样给人以宽宏大度的印象，但旧事重提，让韩瑗和来济感到慌恐不安。一年之后，韩瑗上疏为褚遂良鸣不平，他说："遂良竭忠公家，亲承顾托，……无闻罪状。斥去朝廷，内外氓黎，咸嗟举错！""陛下无故弃逐旧臣，恐非国家之福！"皇帝召见他问："遂良悖戾犯上，以此责之。朕岂有过耶！卿言何若是之深也？"韩瑗恳求皇帝救遂良，皇帝不应。韩瑗内心更加忧惧，上表请求回归乡里，皇帝也不答应。武则天听说后，忍无可忍，他授意许敬宗上疏皇帝，说韩瑗利用职务之便，与来济、褚遂良结为朋党，意图谋逆。皇帝把韩瑗贬为振州刺史，来济为台州刺史，而且规定"终身不许朝觐"，这就堵死了他们再次进京面君的机会。两年后，韩瑗死在振州，来济西北与突厥的作战中阵亡，死在庭州任上，算是一个最好的结局。褚遂良被从桂州贬到爱州（今越南清化）刺史，第二年死在任上。可怜褚遂良一代名臣，忠心耿耿，竟落得如此下场。

武后下一个打击目标，是朝中重臣长孙无忌。她在当上皇后以后，一直记恨长孙无忌屡次反对自己，又收受贿赂而不帮助自己。显庆四年（659），许敬宗猜出武后的心思，指使李奉节上书诬陷韦季方、李巢勾结朝贵谋反，皇帝让他和侍中辛茂亲自审查，把谋反的证据呈给皇帝。皇帝大吃一惊，说："这又是不法的人捏造的罪状吧。"许敬宗说："谋反的行迹已经暴露，陛下却不忍心，这非国家之福。"高宗哭着说："我家不幸，亲戚中多次发生这样的恶事。高阳公主与朕血统相连，往年和房遗爱谋反，如今阿舅又起恶心。"许敬宗加紧审讯，在他的严刑逼供之下，韦季方受熬不过，想自杀又没有成功，这反而给人落下口实，许敬宗趁机扩大事态，说韦季方与长孙无忌谋反，事情败露后企图畏罪自杀。许敬宗编造了韦季方承认与长孙无忌同反的供词，请求依法收捕长孙无忌。皇帝听后又哭泣着说："阿舅若果如此，朕决不忍处分与罪，否则天下、后世道朕不能和睦亲戚，使至于此！"许敬宗催促皇帝说："今无忌听受邪谋，谋移社稷，若比薄昭罪恶未可同年而语，案诸刑典，合诛五族。""臣闻'当断不断，反受其乱'，安危之机，间不容发。陛下若少迟延，恐即生变，悔无及矣！"

皇帝竟然不自己审问长孙无忌谋反原因，只听许敬宗诬陷的一面之词，就解除长孙无忌官爵，将他流放黔州，用军队把他送到流放地。几个月后，皇帝让许敬宗重审长孙无忌案，许敬宗对长孙无忌进行了残酷审讯，长孙无忌自缢而死。他的族人也或被杀死或被流放。长孙无忌是亲戚中的大族，才智出众，人中英杰。他始终不阿谀奉承，而被许敬宗所诬陷，无辜被杀，令人感叹。

天后

天无二日,地有二圣

　　永徽六年(655)十一月一日,武则天当上了梦寐以求的皇后。为了稳固皇后之位,她真是动了很多脑筋。最快捷的办法就是让儿子李弘成为太子。要想李弘成为太子,必须先把现任太子李忠废掉。说起李忠,真是个苦命孩子,虽说贵为太子,但也没多少快乐。自己母亲刘氏身份卑微,从小在宫中遭他人欺凌,无奈过继到王皇后膝下。十岁时在王皇后和一帮大臣的运作下稀里糊涂成了太子,本来是等着将来登基之后,过万人跪拜称臣的好日子,谁成想王皇后自己不力,跌入大牢,性命不保。现如今武则天当了皇后,自己的孩子是当然要上位的。《通鉴》记载,在武则天当皇

武后行从图

后第三日，便由许敬宗上奏："臣闻元储以贵，立嫡之义犹彰，……既而皇后生子，合处少阳，……乃复为孽夺宗，降居藩邸。臣以愚诚，窃所未喻。且今之守器，素非皇嫡。永徽爱起，国本未生，权引彗星，越升明两；近者元妃载诞，正胤降神！……臣既分职文昌，典司嘉礼；位陪宗伯，不敢旷言。"说的就是太子是一国之本，理应以嫡系为贵，现在的皇后有自己的儿子，理应成为当今太子。现在的李忠不是嫡系，之所以为太子，是因为李弘还没生出来，现在就应该让位了。我许敬宗是管这个的，不能乱了这个章法等等。李治听后说："阿忠已表示自让。"许敬宗立马回话："太子明智，能为太伯，愿速从之！"说明李忠也是很有自知之明的，赶快向父皇表明自己愿意让给弟弟。只是许敬宗等人实在着急得很，想尽快把这件事做了。于是，在永徽七年正月六日，李忠被废，封为梁王。当日册立李弘为太子。第二天，为表示庆贺，高宗李治下诏大赦天下，改元"显庆"。为了给李弘祈福，高宗李治和武则天在大慈恩寺宴请僧众。立李弘为太子，加固了武则天皇后之位。而其政敌此时却略显逊色，当初运作李忠为太子的褚遂良、韩瑗以及长孙无忌都没有正式发言，也没有实质性的帮助。表明这些臣子对李忠已然是放弃了，至于与武则天的较量，则需等待新的时机。

以长孙无忌为首的关陇集团败落后，皇帝李治也算是摆脱了舅舅多年的干扰，终于可以大展宏图了。然而天有不测风云，李治本来身体不好，又在显庆五年(660)患上了严重的风疾。两《唐书·高宗纪》都记载："上初苦风眩头重，目不能视，百司奏事，上或使皇后决之。后性明敏，涉猎文史，处事皆称旨，由是始委以政事，权与人主侔矣。"意思就是皇上着了风，头疼得很，眼睛也看不见。许多事都得问皇后，而皇后很聪明，懂得诸多历史和政事，凡处理事物都很合皇上的意思，故而皇上也很放心交由皇后处理政事。这说明，因李治身体不佳，手下无人，或者不放心别人，便让武则天管理一部分朝堂之事。自此，武则天便顺君意参与朝政，加上她对李治的了解，武则天处理之事皆符合李治之意。而现实中，在武则天参与朝政以来，朝堂内外皆还顺利，尤其与高丽之战，频频告捷，唐朝版图随之扩大。

在这种情况下，即使朝堂上反对之人颇多，但也不能不承认武则天的能力。再加上武则天智囊团的支持，反对派也只能是忍气吞声。李治的身体也是非常不争气，原本舅父是个羁绊，舅父走了之后也显示一下自己的政治才华，无奈老是生病，只好多休息，多游玩。这样，朝堂上的事武则天就管理得越来越多，也逐渐形成和李治相抗衡的一股政治势力，这让李治很不高兴。

《资治通鉴》记载，武则天"及得志，专作威福，上欲有所为，动为后所制，上不胜其忿"。当初武则天能屈身忍辱，顺从皇帝的旨意，因此唐高宗力排众议，立她为皇后；等到武后得志之后，她开始恃势专权，唐高宗想有所作为，动不动就受到她的牵制，这让皇帝不胜愤怒。皇帝当然就有所行动，第一个就是看那个李义府不顺眼。李义府是个专横跋扈，干了不少坏事的主，好多情况下都是李治替其压着。谁知李义府不知好歹，也从不反省，仗着是武则天最坚实的支持者，把皇上都不放在眼里。皇上处理个臣子，算不得什么大事情，更何况这种处处张扬的主，更是随手的事。李治处理掉李义府，这引发不少议论，看来皇上和皇后是有间隙可趁了。这个时候刚好有一件事情发生，有一个叫郭行真的道士，出入于皇宫，曾经与武后施行"厌胜"之术，被太监王伏胜告发。

麟德元年（664），王伏胜告发武则天在宫里搞"厌胜"之术。正如前面所说，厌胜是一项很严重的刑事犯罪，武则天曾经用它来打击过对手王皇后，她应该深知其中的厉害。武则天做没做这件事并不重要，重要的是李治需要这个理由。皇帝大怒，秘密召来西台侍部、同东西台三品上官仪商议，应该怎么处置武则天"厌胜"这件事。上官仪是谁呢？《新唐书》记载，上官仪是一文采出众的风雅人物，其五言体乃当朝一绝，被誉称为"上官体"。他的《入朝洛堤步月》一诗写得非常美：

脉脉广川流，驱马历长洲。
鹊飞山月曙，蝉噪野风秋。

这首诗仙风道骨，仪态万方，很受人喜爱。唐高宗李治是一位文学造诣很深的皇帝，因其盖世才华而很看重他，让他做弘文馆学士，又一路上升直到宰相之位，仕途非常顺利。总体来说这是一位备受恩宠的典型文人。

自古有才华的文人一般都比较高傲，他们的政治头脑很单纯，容易看不透形势，用现在的话说就是有些书生气。上官仪也是这样，他不过一介儒生，平时恃才傲物，实际上没有什么高深的政治谋略。上官仪早就看不惯武后这样的女人专横的样子，也不权衡一下皇上的性格，直接进言说："皇后专权自恣，海内之人都不说好话，请废黜她。"这些话里充满了情绪。皇帝也是这么认为，就命令上官仪赶紧起草废黜皇后的诏令。他们这边忙乎着废后，武则天那边可不是孤身一人，她的庞大的情报系统马上启动了，皇帝左右的人跑去告诉武后，让她马上得知处境的危险，武后赶忙来到皇帝那里诉说，对李治是晓之以情动之以理，软硬兼施。李治性格懦弱，禁不住武后的哭闹。他本来就心软，这么一来，觉得有些羞愧，人家每天辛苦帮自己处理朝政，我还算计人家。当时废黜的诏令草稿还在皇帝那里，他羞惭畏缩，不忍心再行废黜，又像先前一样对待她。皇帝怕她还怨恨恼怒，就哄她说："我起初没有这个想法，都是上官仪教我的。"李治很明显推脱责任，自个儿弄不过家里媳妇，让上官仪背黑锅。没多久，许敬宗便领了武则天旨意将上官仪以及那个宦官王伏胜等一干人马以忤逆之罪抓入大牢。

这场虚惊让武后非常恼恨，她又向上官仪举起了屠刀，具体执行者是许敬宗。上官仪原先任陈王谘议，与王伏胜都曾侍奉过已被废黜的太子李忠。武后于是指使许敬宗诬奏上官仪、王伏胜和废太子李忠图谋叛逆。十二月十三日，上官仪被逮捕入狱，与其儿子上官庭芝、太监王伏胜一起被处死，并被抄家。他的孙女上官婉儿时在襁褓，就是因为此案而没入宫中。第三日，赐李忠于流放处所自尽。武后余怒未尽，将与上官仪有关的人也一起诛连。右相刘祥道因为和上官仪友善，被免去了相位，降职为司礼太常伯。其他如左肃机郑钦泰等朝廷官员，因为与上官仪有来往，被流放贬谪了很多人。武后利用此案，处死了对她不利的大臣，又趁机除掉了对储君有潜在威胁的废太子，并且大姑大肆株连，贬杀了一批于己不利的朝臣，她的影响和威权大大提高。

"废后"这件事对于武则天来说也有很大影响。她想着自己每天处理朝政累死累活，皇上每天修生养性吃喝玩乐，临了自己也不过是人家众多佳丽一员而已，还得提心吊胆害怕人家随时废掉。一时的稳定不代表永久性的稳定，武则天深深意识到自己辛苦弄来的这个位置仍然只是人家一句话的事儿，想想曾经的皇后，再想想自己的未来，还真是胆战心惊。武则天想来恐惧，便与李治谈心，皇上你身体也不太好，反对我们的人也很多，老有人与你说我的坏话。这样，你上朝的时候我也去好吗？而皇帝也深受武后气焰所慑，加上自己身体确实撑不住，就同意武则天的请求，让武后深度参与到国家政事中来。唐高宗每逢临朝治事，武后都在后边垂帘听政，政事无论大小，她都要参与。天下大权，全归于武后，官员升降生杀，取决于她一句话，皇帝只是拱拱手而已，朝廷内外称他们为"二圣"。

一般而言，"二圣"这段时间指的是从长孙无忌集团被摧毁、武则天被委以政事的显庆四年，到唐高宗去世的弘道元年之间的二十四年。史书中有较多这一时期情况的记载，举《旧唐书·则天皇后纪》："后素多智计，兼涉文史。帝自显庆已后，多苦风疾，百司表奏，皆委天后详决。自此内辅国政数十年，威势与帝无异，当时称为'二圣'。"当然，这段漫长的二十四年，也决不是由武则天专权。皇帝李治肯定可以处理国家政事，只不过他性格软弱有些惧内罢了。

多年历练的武则天，已然不是那个刚入宫的才人了，她非常明白，要想自己掌控命运，必须要有强大的智囊团，更需要有广大民众的支持。怎么才能有更多人支持呢？武则天也是想了各种招数。其中非常得力的一招就是鼓动李治搞了个"泰山封禅"。"封禅"可是我国古代最为隆重的祭祀大典！既然最隆重，当然由最高贵的天之子来主持。"封"即为祭天，"禅"即为祭地。目的是感谢苍天大地的庇佑，能让天下子民过上风调雨顺的好日子。早在秦始皇时，就将这个祭祀仪式作为最高典礼，之后便顺延下来。这个可不是随便什么时候想搞就可以搞的。这种事情只有在国富民强，天下大同的情况下才能举行。太宗李世民一直想搞一次，但苦于刚刚建国，战乱还是时有发生。即使在"贞观之治"时，也还是心有余悸，没好意思搞，万一有个吃不饱的上前告御状还真是大煞风景，也担心上天大地惩罚。

不过，高宗李治和武则天的"二圣"时期就要好很多了。一来有父皇打下的基础，周边外敌也不敢轻易来犯；二来，边疆稳定，伴随着国内经济增长，而老百姓，从上到下，里里外外，基本是求安心，保太平，过踏实的日子。所以，在"二圣"时期，疆域扩大，政治稳定，经济繁荣，物质丰富。史书记载："是时频岁丰稔，米斗至五钱，豆麦不列于市。议者以为古来帝王封禅，未有若斯之盛者也。"很明显，社会太平，物价较低，老百姓安乐。另有《通鉴》记载，龙朔二年有人竟然在正殿含元殿前见到麒麟脚印，这可是瑞兽，太平的象征！不管这个传说的真假，李治是非常高兴，当即决定第二年年号为"麟德"。

有了这个基础，大臣们就几次向高宗李治上奏：我们现在比太宗那会儿好多了，为何不搞一次封禅呢？而且去泰山封禅也是太宗的夙愿啊。做为太宗的继承者，您也应该搞一次啊。李治一听，很开心。虽然自己从小留个孝顺的名，但也同时弄了个懦弱之名。父皇一说起来就是担心他弱懦干不了大事情。哥哥们都很聪明，强干，这也就算了，就是贵为天子，也经常受制于舅舅一帮人左右。所以，高宗李治一直也想让天下人看看自己的威武。武则天适时地提出让李治搞一次封禅，李治当然非常乐意。但是，前面已经说过，"封禅"这事是天子主持大臣配合的事，与天子媳妇儿可没关系。那武则天还折腾这个干吗？武则天可不是一般人，她非常聪明，很乐于且很善于打破传统。传统承继下来的封禅是分两部分：第一部分是"祭祀昊天上帝"，称谓"封礼"，由先皇配享；第二部分是"祭祀皇地祇"，称谓"禅礼"，由太后配享。进行第一部分的时候由天子首献祭品，称为初献，第二部分由公卿大臣献祭，称作亚献。武则天和她的智囊团想了妙招，既然"封"为"祭天"，先皇配享，那当然是天子的事；可是"禅"为"祭地"，是由太后配享，那就应该是女人的事，大臣们献祭显然不妥，我是天下女人里最高级别的，当然由我来"祭地"了。高宗一听，有理有据，非常好，下诏同意。

《通鉴》记载，麟德二年（665）正月，由李绩、许敬宗等为检校封禅使，就是做关于封禅的仪式安排。十月，都安排妥当，太宗李治和武则天带着六宫妃嫔、百官兵士、仪仗法物等等之外还包括来自于突厥、天竺、倭国、新罗、百济等各国元首酋民前行，浩浩荡荡几百里队伍。公元666年正月初一、初二，由太宗李治主持初献。初三，由武则天主持亚献。初献时比较严肃，大臣们毕恭毕敬。亚献时，武则天让宫女们歌舞表演，众大臣报以嘲讽。武则天早已料到面临的局面，所以无所谓，依然我行我素，开心主持。因为武则天还有高招在后，她与高宗李治说，目前这个举国欢庆的局面不是咱们俩的功劳，是所有文武大臣与我们共同努力得来的，所以应该给他们加薪加爵。太宗李治人善，这个建议很符合其胃口，所以李治很开心。在大典完毕，正月初五，太宗李治接受各方朝贺，改元"乾封"表祝贺。接着就赐三品以上官员加爵，四品以下官员位加阶。在唐朝时，等阶共分二十九阶，每一阶升迁正常情况需要四年。也就是说，这些官员因为这次的封禅相当于干了四年的活儿。其他人员也是各有奖赏，大赦天下，酒会七天！群臣这次没什么话了，吃酒喝肉涨工资，全凭人武则天的好建议！为参加封禅大典，武则天大约花了两年时间。功夫没有白下，大典之后，虽仍然有诸多反对，但武则天的策略也发生改变，不再是针锋相对于政敌，而是迂回战术，使绝大部分官员得了实惠，反对的话也自然不好意思再提，而是开心自己轻易得来的官爵之益了。通过这些举动武则天扩大了政治影响力，得到众多支持，由"二圣"主持的朝政一度赢得认可。

"二圣"主导下的社会兴盛的局面表面上顺风顺水，实则危机四伏。没几年，咸亨元年（670），薛仁贵征讨吐蕃，结果全军覆没。这在唐朝开国以来可是头一次惨重失败。吐蕃趁势进逼到今天的青海地区，西线告急的同时，东北部高丽地界也是叛乱四起。同年，关中大旱，老百姓吃饭成了大问题。正可谓是内忧外患。而对于武则天来说更是一筹莫展的时日，左膀李义府早先被拿掉，右臂许敬宗于这一年离任，一直给她出谋划策的母亲也于这一年去世。这还不算，就在这一年，之前因"谋反"罪下野的长孙无忌被追加官爵。这对于武则天来说又是一个重大打击，因此，那些曾经反对的朝臣们又开始蠢蠢欲动了。而在民间，因为大旱天灾等也有了许多的关于女人执政不祥的传言。基于此，武则天便向高宗李治提出避位，因为民众反对，也因母亲去世很伤心等原因。李治一听，坚决不同意，安慰武则天，并厚葬其母。武则天这一招可谓以退为进，避了朝堂上下诸多言论，不是我要干的，是皇上让干的。多年来的相处，武则天对李治的性格及其软肋掌握的了如指掌。

上元元年（674），武则天以"孝"之名义提出根据祖宗的伟绩封号，追尊唐高祖为神尧皇帝，皇后窦氏为太穆神皇后；追尊唐太宗为文武圣皇帝，长孙皇后为文德圣皇后，并对"皇帝"、"皇后"称谓提出质疑。建议唐高宗的皇帝称号改为"天皇"；自己则称"天后"。这对于武则天来说，终于脱离了与曾经的"皇后"们的同样位置。"天皇"为"天之皇"，"天后"则是"天之后"，而非"皇之后"了。这一点明摆的是，我与你齐平，你是上天的皇帝，我是上天的皇后，你是遵照天命，我也是遵照天命。皇上你以后要是想废后那得问问老天的意思。自此，武则天自命"天后"，并将其合理化。

北门学士是何机构

"二圣"时期，唐高宗与武则天共同执政，但实际上因为高宗身体每况愈下，武则天处理事务更多一些。多年深宫历练，武则天很清楚，自己想要掌控自己命运，必须不断培养自己的亲信。这一时期，李义府已被扳倒，李绩和许敬宗等人也逐渐衰老，这对于武则天控制朝权处于不利形势。武则天需要培养新的团队来夯实自己的势力。

《资治通鉴》记载，乾封元年（666），武则天"以修撰为名"，从左、右史和著作郎中选了一批才学俱佳的文人学士。这些人都是文章高手，因他们被特许从北门（玄武门）出入禁中，时人称之"北门学士"。组成人员主要有范履冰、万元顷、苗神客、刘祎之、周思茂等。武则天把这些高手聚在一起，搞了一批以武则天署名的著作，如《孝子传》、《列女传》、《臣轨》、《官僚新诫》、《乐书》、《古今内范》《少阳正范》等，这些书在当时很是流行。

当然，修撰不是主要目的，主要目的和之前的秦王李泰一样，以修撰著书为虚，行掌控权力之实。武则天召集"北门学士"，在修撰过程中，让"北门学士"参看朝中百官的奏表。如果朝中出现什么意见不统一的问题，武则天则会让她们互相讨论辩驳。原本这些事是太子以及大臣们的事，这样的话朝中之事就有了分羹之人，引起诸多大臣不满，历代史书称之为"分割宰相之权"，实则也是分割太子之权。武则天非常聪明，她当然知道会引起朝臣不满。不过这种不满丝毫不影响武则天的进一步行动，武则天历来不理会这些不痛不痒之事，她更加赏识这些"北门学士"，以瓦解朝中已然形成的官僚集团结构，这样朝廷才能真正做到广纳人才，下层有识之士才会有机会得以提拔重用，既能为朝廷效力，亦能实现自我理想与抱负。

"北门学士"的设立，那些大臣们真是感到好笑又好气。尤其是那些儒臣，嘲笑这些学子跟随一个女人，听一个女人摆布；二是这帮乳臭未干的家伙竟然还参与朝政，真是不知天高地厚。"北门学士"称谓是一种讽刺。不过，"北门学士"的设立对于唐朝以及后来王朝的政治体制影响是非常大的，它开启了内廷近臣在禁中参与朝政决策的先例，分夺了宰相的决策权力，是加强君权的重要策略，后在唐玄宗时出现了翰林学士。

这批由"北门学士"组成的智囊团，为武则天出谋划策，制造声势。在之后的二十多年里，不仅协助加固武则天的皇后之位，而且在高宗李治去世后为武则天的临朝称制，改唐为周等出了很大的力。武则天当然也不会忘记这些功臣，他们中的很多人由最初的下层小官荣升为三四品级官员，甚至到宰相之位，如范履冰、刘祎之等。

天后的治国纲领

封为"天后"四个月后,为进一步巩固自己的朝政地位,武则天一是挑选了大批文人,培养政治势力,即"北门学士";二是扶植外戚,如让贺兰敏之继承爵位,之后又让武承嗣继承等;三是在"北门学士"的协助下向唐高宗提了十二条建议,史称"建言十二事",这是武则天第一次独立提出自己的施政纲领。《资治通鉴》、《旧唐书》等都有记载。其内容为:

(一)劝农桑,薄赋徭;

(二)给复三辅地;

(三)息兵,以道德化天下;

(四)南北中尚禁浮巧;

(五)省功费力役;

(六)广言路;

(七)杜谗口;

(八)王公以降学习《老子》;

(九)父在为母服丧三年;

(十)上元前勋官已给告身者无追核;

(十一)京官八品以上益禀入;

(十二)百官任事久,材高位下者得进阶申滞。

从这十二言可以看出武则天极高的政治素养。

第一，减轻农民负担。如"劝农桑，薄赋徭"，即鼓励农业发展，减轻农民赋税，中国历来以农业为重，这是根本的民生问题，每次的改朝换代几乎都与农民的生活有直接的关联。所以，每一个新政权建立都会涉及这个问题，以获得更多老百姓的支持。关注朝堂多年的武则天，与其他后宫嫔妃可不一样，她对整个国家局势分析透彻，且知道国家社稷之核心所在。对于这条建议，说出来容易，做起来很难。武则天不同于其他执政者，她亲力亲为，并有具体实施方案。其一，总结前人教训，停止不必要的战争，人与人之间，国与国之间应该以高尚品德服人，和平相处；其二，减少土木工程，节约开支，尤其是皇家工程，以减轻农民劳役之苦；其三，免除长安及其辅地京兆、冯翊、扶风老百姓的全部徭役。让京城周边民众集中精力搞基本建设，以固国都。这样首先解决国民吃的问题，也是国家社稷头等大事之问题。

第二，稳定军心，提高中下层官员待遇。其一是针对退伍勋官的审核问题，武则天认为，都是背井离乡为国作战，理应收到宽待，不必纠结于等级的真假问题；其二提高八品以上官员工资待遇，属于现在的普调工资；其三是针对有较高才能却因地位低下无机会升迁的官员，全部升官。这样，让文武官员皆安心工作，积极向上。其三是"王公以降学习《老子》"，这点被诸多史学家讽刺为讨好李氏家族。不管讨好与否，都是件有益无害的事情。一则皇上及李氏家族开心，二则平息历来对武则天异族不同心的忧虑，三则学习《老子》修身养性，陶冶情操，提高素养，不失为一件极好的事。

第三，兼听则明，杜绝谗言。"广言路"，即所有朝堂官员皆有发言权，而皇上以及官员互相之间也理应兼听，不应听信谗言。这一条主要针对朝中一些官员对武则天的无端谗言，但对于整个朝堂来说也是理应做到的，对处理国家事务也是有益而无害的。

第四，提倡节俭，反对铺张浪费。十二言中指出"南北中尚禁浮巧"，这点主要针对南、北、中、尚四大中央机构，"南"指宰相府，"北"指中央直属机构，"中"指中书省，"尚"指尚书省。禁止四大中央机构奢靡生活，从皇上皇后做起。如关于百褶裙的问题，由武则天带头，十三个褶子改成七个褶子，节俭许多布料。武则天带头捐出自己的脂粉钱救灾。皇后都这样了，其他宫中嫔妃也纷纷效仿。

第五，提高女性地位。"父在为母服丧三年"。这一点针对之前的服孝规定，古代社会，有子女为去世父母服孝三年的礼仪。即父亲去世，服孝三年。对母亲的服孝时间则由父亲是否健在来定。如果父亲早先离开，则为母亲服孝三年，如果父亲还健在，则为母亲服孝一年。明摆的事儿，母亲跟着父亲沾光。武则天则提出，别管你爹啥时候走，你妈去世，与你爹一样，服孝三年。这一点一来提高女性地位，二来也是迎合了武则天"天后"与李治"天皇"的平等说法。

我们由此看到，武则天能够最终取得皇位，绝不是靠什么媚惑，权术，厚黑学等等，而是由内而外，自上而下做实实在在的工作。多年历练的武则天，当然明白权术之计，但也明白这绝不是核心所在，最重要的是民生问题。这些解决了，谗言自然会消失，地位自然会巩固。武则天敢于和关陇门阀斗争，且多次不计前嫌与曾经的敌人或者仇人合作，这需要的是一份博大的胸怀。

武则天的政治纲领突出强国富民，广用人才，突破传统观念，打压贵族，扶持底层，禁止奢靡，提高女性地位，团结周边民族等对后世有着积极的影响。就是今天，许多方面仍然值得我们借鉴。

谁敢废立天子？

李弘之死

"老君当治，李弘当出"，这是一句流行较广的谶语，唐之前许多农民起义领袖借此笼络民心，表示自己乃真龙天子。隋唐时期是郡望身份制的社会，郡望世家大族在社会上享有崇高的威望和地位。在七宗五姓（陇西李氏、赵郡李氏、博陵崔氏、清河崔氏、范阳卢氏、荥阳郑氏、太原王氏）垄断贵族的时代，李唐王朝编织老子为其祖宗的谎言来提高家族地位，所以道教在唐代特别兴盛。

作为武则天与高宗的长子，李弘这个名字从一开始就被寄寓了很多希望。高宗八子四女，李弘排行第五。无论男女，李弘都处于一个承上启下的位置，可谓重任在肩。李弘之后,高宗所生子女全由武则天所生,永徽五年(654),长女安定思公主生,不久夭折,永徽六年(655)李贤出生,显庆元年(656)李显出生,龙朔二年(662),李旦出生,麟德二年(665)太平公主出生。

李弘出生的永徽四年是武则天再次回到宫中的第三个年头。永徽六年李弘被封为代王。显庆元年,废太子李忠为梁王。显庆二年李弘被立为太子。高宗一方面和武则天联手对抗关陇集团,摆脱顾命大臣长孙无忌和褚遂良的牵制,另一方面开始精心培养接班人李弘,希望这个孩子给他们带来动力和好运。永徽六年,褚遂良因反对废王皇后立武则天为后而遭罢相外贬。显庆四年,长孙无忌被流放黔州,被逼自缢。麟德元年上官仪草诏废后,被诬与废太子李忠谋大逆,俱死。

可以说,李弘的成长过程,就是高宗和武则天获得独立帝权的过程,当然也是武则天平分帝权的过程。高宗想自己说了算,武则天更需要在后宫确立自己的地位,这样促使他们目标虽然不一样,但合作是必须的。母以子贵,武则天凭借李弘当上皇后,永徽六年,高宗下诏废王皇后、萧淑妃为庶人,立武则天为皇后。子因母贵,李弘也随后作了太子。在武则天的帮助下,高宗达到了自己的目的,武则天不仅稳稳地登上了皇后宝座,而且将权力延伸到朝堂之上,"二圣时代"开始。他们有理由相信,这都是李弘给他们带来的好运。乾封元年(666),武则天开始培植亲信北门学士。上元元年(674),武则天与高宗分别称天帝、天后。

在培养接班人方面,高宗和武则天首先比较重视李弘的教育,让他从小接触儒家经典,接受传统的儒家教育,比如《春秋》《礼记》，这符合两汉以来的传统。武则天还直接编写或间接督导编写儿女们的教科书，对儿女的管教甚严，要求他们用功读书，在家讲究孝悌，待人要有礼貌，平日要检点自己的行为。高宗和武则天都有一定的文学欣赏水平，所以他们还注重培养李弘的文学修养。太子府宾客许敬宗、右庶子许圉师、中书侍郎上官仪、中舍人杨思俭等在文思殿摘采古今文章，取名《瑶山玉彩》，总共五百篇。李弘把此书献于高宗，得到高宗的重赏，赐物三万段。高宗对这种编书活动的充分肯定，无疑会大大提高李弘学习的积极性，当然也会提高李弘的文学水平。李弘还释采国学，请赠颜回为太子少师，曾参为太子少保，这种对儒家文化的探求，得到了父皇高宗的认可。

理论文化知识的学习固然重要，实践能力的提高更为重要，所以高宗还积极锻炼李弘的治国能力。八岁时就开始让李弘监国听政，虽然年龄太小，不一定有什么效果，但总算是历练一回。而且这才是一个开始，而后又总共让李弘监国六次。这些经历，无疑会使李弘处理国家事情的能力提高，同时也让太子府官员有了更多管理国家的机会，李弘自然也学到一些驭人之术。高宗在对李弘锻炼的同时，还不忘让李弘有更多的学习机会。李延寿撰《政典》两本，记载了一些古往今来的政治传统，高宗赐给李弘一本，让他学习更多的从政经验。可以说，高宗鉴于自己身体有恙，寄予李弘以极大的希望，对李弘的培养是不遗余力的。

平静的河水之下总有暗流涌动，一棵大树的长成必然会遮蔽其他树苗的绿荫。李弘在成长的过程中，也不可避免地与武则天产生了一些矛盾。随着李弘的长大，他必然要分走一部分权力。相应地，太子府的官员也会拥有一部分权力，否则就不可能成长为接班人。这些权力的分配必然会削弱武则天，影响到武则天计划的进程。此外，李弘在行使权力的过程中，难免会有和武则天不一样的立场，这样会在表面上形成对立关系。麟德元年（664），李忠以谋反罪被杀，尸体暴露荒野而无人敢收，李弘曾奏请收葬废太子李忠的尸骨。咸亨二年（671），李弘看到被幽禁十几年的义阳公主、宣城公主，年龄已大，还未出嫁，便请求高宗为她们操办婚事。这些自然与武则天一贯的作法相违背，冒犯了天后的权威。当然武则天的作为也不符合李弘的心愿，比如初选的太子妃是司卫少卿杨思俭之女，却被武则天的外甥贺兰敏之奸淫，虽然贺兰敏之后来被武则天杀死，但也迫使李弘婚期推迟三年，改娶禁军将军裴居道女。这个事件发生的过程之中，武则天无疑是要承担一些责任的。这些事情，使母子之间有了一些隔阂，两人的关系有些紧张。

母子之间的这些矛盾，使后人产生母子权力争斗的很多猜测。上元二年（675），太子李弘病死于东都洛阳合璧宫绮云殿，享年二十四岁。在后来的诸多记载和传说中，李弘太子是被武则天鸩杀的。但分析这个历史时期，母子之间，无论是权力的分配，还是矛盾的呈现，都还在可控的范围之内，还达不到骨肉如此相残的地步，还有很多可以化解矛盾的办法。李弘一方面身体不好，另一方面也没有表现出过于强烈的争权行为。而且此时高宗还在世，武则天还不能大权独揽，她还需要等待，李弘当然还不是夺权的对手。再进一步想，辛苦培养的接班人怎么可以轻意放弃，何况除去一个还会产生一个新的太子，这又何苦呢？更为关键的是，武则天此时权力欲望恐怕还没有达到要当皇帝的地步，那要到高宗去世之后才能够真正萌发出如此野心。武则天的权力之路，应该是在发展中不断成长欲望，欲望进而转化为斗争的行动。其实较早的史料记载，只是说李弘"不以寿终"而已。

关于太子李弘死亡的原因，更多的是"婴沉瘵"，即久病缠身，而且是一种难以治愈的痨病。不知那时有没有人血馒头的偏方。李弘早年即染病在身，一种可能是高宗风瘵传染所致，另一种可能据李弘自己解释说是读书用功过度所致。后一种解释有可能是李弘出于孝心或避长者讳，不愿说出被传染的原因。这个家族似乎有家族遗传病因，从李渊、李世民到李治，似乎都逃脱不了风瘵的命运，这一次落到了李弘身上。而且这种病一直没有好转，咸亨元年（670），李弘还曾因病多日未能与官员见面，而后还到含元宫休养。李弘死后，高宗制书中也提到"旧疾增甚"的事实。

李弘本性仁厚，这是贯穿其一生的性格特点。李弘在少年时读《春秋》，因为书有记有世子弑君之事，心中不忍，便不愿再继续学习《春秋》，老师也只好改教树立正面规范的《礼记》。有一次，李弘恰好遇到征辽士兵逃跑，按照国家法律，逃跑家属必须充官。李弘认为士兵逃亡会有原因，不应罪及妻子，就请求取消这种不合理的连坐条款。在关中饥荒的时候，李弘看到有的士兵吃榆皮、蓬实，赶快悄悄地让家人放米供济。再联想他冒犯威严的母后照顾异母兄长、姐姐的事情，其仁厚之心洞然可察。

太子李弘去世，接班人没有了，高宗与武则天自然心情悲痛，但是他们也只能在礼仪上作一些心理补偿。武则天曾撰写《一切道经序》，回顾母子情深，悲伤自然流露。高宗则在《皇太子谥孝敬皇帝制》中说:"直城趋贺,肃敬著于三朝;中寝问安,仁孝闻于四海。……慈惠爱亲曰'孝',死不忘君曰'敬',谥为孝敬皇帝。"李弘陵称为恭陵,恭陵制度一准天子之礼,百官也要从权服丧。太子妃死,谥哀皇后。李弘无子,永昌元年(689),让楚王李隆基继嗣。后来李隆基能够践祚称帝,开创开元盛世,冥冥之中也有一些运气和关联。

李贤之死

永徽六年(655),李贤出生,是年被封为潞王。龙朔元年(661),李贤被改封为沛王。咸亨三年(672),李贤曾改名李德,徙封雍王,后改回本名李贤。上元二年(675),李贤被立为太子。

李贤虽然一开始并不是作为接班人培养的,但他也同样接受了良好的儒家传统教育,比如学习《尚书》《礼记》《论语》。武则天教育孩子的态度和方法,同样在李贤身上发挥了作用。而且李贤在很小的时候,便表现出较高的学习天分,他过目不忘,小小年纪便能背诵古诗赋十余篇。比如反复品味一句话并领悟其内含,他曾从子夏的"贤贤易色……"领悟到要重修养,轻容貌。这些都得到了高宗的欣赏,这些也都超过了其他兄弟。初唐四杰之一的王勃还曾做过他王府的修撰,这自然会浸润他的文学修养。他更大的才华,在他为《后汉书》作注中展现出来。他召集了左庶子张大安、洗马刘讷言、洛州司户参军格希玄、学士许叔牙等学者,认真注书,得到了后人很高的评价,被称为"章怀注",认为可与颜师古的《汉书》注并称。此书献于高宗，得到父皇数万段物品的奖赏。

　　李贤不仅在学习上表现出过高的天赋，在治理国家方面也有上佳表现。早在李弘作太子时，由于李弘多病，所以李贤作为助手，已经开始练习处理中央一般政事。尤其是被立为太子之后，高宗出于自己身体状况的考虑，再加上武则天摄政方案遭到宰相们反对之后，高宗加大了对李贤的培养力度和速度。李贤得到更多监国的机会，而且处理政事的能力也颇受大臣们的赞赏，史书说他"于处决尤明审，朝廷称焉"，并得到了高宗的再次奖赏。与李弘相比，李贤身体健康，精力旺盛，文武双全，乐于替高宗分担国忧，而且成绩显著。可以说，李贤凭借着太子身份，正朝着合格的天子方向迈进。

　　李贤的聪慧、处理政事的能力，外加高宗的极力培养，无形中加剧了李贤与武则天的矛盾。此时的武则天对权力的掌控已不同于先前，随着高宗身体状况转差，她已经可以专享帝权了。仪凤元年（676），高宗苦于风眩，议逊位或武后摄政。虽然没有通过，但是已经能够感受到武则天权力的大小了。拿到手的权力再分出去，可是万分不舍得。李弘当太子时，大多是从高宗手中分走的权力。李贤权力的增加，就是武则天权力的减弱，这就引起了矛盾的激化。李贤召集学者注《后汉书》，是效法唐太宗的秦府学士和武则天的北门学士，是为了培养自己的政治力量。李弘太子府的原班人马，此时大多为宰相，转成了李贤的团队。先前很多反对武则天的大臣，也都进入了东宫班子，比如反对逊位的郝处俊、李义琰。宰相队伍中除了刘仁轨以外，其余都是太子的支持者。这应该是高宗传位给李贤的前奏。这些完全可以让武则天意识到不久的将来，她将会被架空。这个比李弘难以解决的李贤，迫使武则天去想其他更见效果的办法。

　　武则天首先是晓之以理，动之以情。从教育太子的角度入手，武则天送给李贤两本由北门学士为李贤而编的书——《少阳政范》《孝子传》，并写了几封信来规劝李贤，希望李贤能够认识到问题的严重性，主动后退。但此时的李贤正年轻气盛，风帆正满，对各种政治力量的估计都朝着对自己有利的方向前进，所以李贤没有后退，也不想后退。高宗身体越来越不好，李贤作为太子监国。处于不利方的武则天必须改变办法，但她还在等待机会，当然她也想制造机会。与此相对应，有利方的李贤缺少的反而是耐心。

　　武则天接着开始制造迷雾，她像一个老道的猎人，善于在迷雾中寻找机会。一个是李贤的身世之谜，李贤的母亲可能是武则天的姐姐韩国夫人，唐朝的道德法则完全有可能使这个猜测成立。一个因素是李贤出生于武则天去往昭陵的路上，另一个因素是当时韩国夫人受到高宗的宠爱，但是没有名份，而且韩国夫人寡居多年。可能是李贤出生之后，武则天替姐姐代养。也可能是武则天的孩子早产夭折，用李贤来代替。这让李贤异常紧张，如果猜测成真，母子更难相容。

　　一个是李贤的私人生活，可以说是声色畋猎，这在李唐宗室之中，原本不算什么。但李贤与户奴赵道生的狎昵，有些过分，李贤还赏赐赵道生许多财物。最为关键的是，在这个节骨眼上，李贤不听身边人的劝谏，仍然保持自己的个性化生活，不懂得收敛一些。司议郎韦承庆曾给李贤上书，"殿下为臣为子，乃国乃家，为臣在于竭忠，为子期于尽孝，在家不可以自逸，在国不可以自康"，确实是金玉良言，一片忠心为主。

还有就是一个叫明崇俨的方士的胡言乱语，明崇俨原本是一个小官，但是凭借给高宗看病的优势，取得一定的信任。明崇俨在高宗面前散布李显、李旦优秀的言论，如"英王类太宗而相王贵"，这当然会影响高宗的情绪。关键是这给李贤造成了很大的压力，以致于李贤担心不能保全，连创作的音乐《宝庆乐》也充满了悲伤情调。

这些迷雾，让李贤迷失了方向，失去了分寸，毕竟李贤的政治斗争经验比武则天少多了。如果此时李贤能退一步，冷静一下就好了。冷静分析，如果李贤不是武则天亲生，恐怕早被武则天废黜了，而且李贤成长的过程中也不会得到那么多的学习机会和成长锻炼，看看武则天如何对待高宗其他的孩子便知道了。赵道生的问题，也不是什么大问题，只需要学会在关键阶段慎独即可。明崇俨的言论显然是故意帮武则天传播信息的，目的当然是扰乱李贤的心志，从而使其失去正常的判断力。高宗还是了解自己的孩子，没有比李贤更合适的接班人。但李贤没有冷静，他更急躁了，他自己给了武则天一个机会。

调露元年（679），明崇俨被人刺杀，这成了武则天动手的理由。武则天先成立有利于自己的审案班子，其中就有善于捞权的裴炎。这是带有政治任务的审案班子，凶手抓不到，也不可能抓到，他们只是做出追捕凶手的样子，营造一个查案的氛围。他们要让凶手从合适的地方出现，就是太子府。

他们会把太子府的各种活动纳入观察对象，而后他们开始从李贤的私生活查起，自然就查到了赵道生。严刑之下，赵道生供认受李贤指派刺杀明崇俨，风化案变成了刺杀案；寻找刺杀凶器，搜查太子府，在马坊里搜到了数百甲胄。小案子审成了大案件，审案任务完

章怀太子李贤墓壁画《客使图》

成,终于可以有理由来给李贤定罪了,谋反罪名加在了李贤头上。按照唐朝法律制度,任何人不得收藏甲胄之类的军用物资,此等物资必须由专门的机构来保管。太子府拥有军队,那么拥有甲胄算是正常,而且还有可能是使用过后没有及时入库。但在这样的罪名之下,李贤已难以自保,高宗成了最后的救命稻草。高宗考虑到接班人的问题,试图来保李贤,说太子府本来就是可以拥有军队的,但武则天的"为人子怀谋逆,天地所不容,大义灭亲,何可赦也",理由堂堂正正,让软弱的高宗没能保住自己的接班人。

明崇俨可能就是李贤派人杀死的,因为明崇俨散播的言论,让李贤不能正常生存下去,乱了心智的李贤选择消灭迷雾的源头,而他不知道迷雾的源头在武则天那里。明崇俨也可能是武则天派人杀死的,明崇俨只是一枚棋子,给他的荣华富贵,足够换他一条命了。无论怎样,这都只是武则天一套组合拳的引子,可能一开始武则天就设计好了,最后一拳只能是"数百甲胄"。这一拳,就是李贤的七寸之处。

李贤被废,东宫属官,大多被贬。太子洗马刘讷言,被流振州;太子左庶子张大安,左迁普州刺史;左卫将军高政,被其父刺杀。其余属官宣布无罪,左庶子薛元超叩头谢恩,右庶子李义琰引咎涕哭。

永隆元年(680),李贤被废。永淳二年(683),高宗病死,李贤迁于巴州。文明元年(684),武则天使丘神勣杀废太子李贤于巴州,享年三十岁。天授二年(691),武则天诛丘神勣。景云二年(711),李贤被追加"皇太子"地位,谥"章怀",与太子妃房氏合葬于章怀太子墓。

废黜李显

显庆元年(656),李显出生。显庆二年李显被封为周王。仪凤二年(677),徙封英王,改名哲。永隆元年李显被立为太子。永淳元年,其子李重照被立为皇太孙。弘道元年(683),高宗死,李显即位,是为中宗。

接班人的计划中原本没有李显,所以高宗与武则天也基本上没有按照一个太子的标准来培养李显。虽然也有宠爱,但大多还是让他按照自己的性格自然成长。由于出生时难产,所以请玄奘法师让他皈依三宝,满月时还曾让玄奘为他剃发,披服袈裟,列入僧籍。这些宠爱可能更加促使高宗和武则天对他放低要求,而要求放低则又会促使李显更缺乏作为太子的潜质。另一方面,李显也从来没有想过会被立为太子,李显也没有表现出过高的人生追求。李显的性格,更多的表现为荒唐、任性，每日斗鸡走马，充分享受着富贵的皇室生活，一个标准纨绔子弟。所以，李显与李弘、李贤相比，接班人的能力则大大不如两位哥哥。

即使是被立为太子之后，李显仍然本性难改，骑马打猎，不听劝告。永淳元年（682），关中水旱蝗灾相继，高宗与武则天幸东都洛阳就食。李显此时监国，高宗给他选出刘仁轨、裴炎、薛元超三位辅臣，让他锻炼治国能力，希望他能够在短时间内成长起来，但他仍然以玩乐为主。此次李显监国期间，一不读书，二不看奏章，只是斗鸡走马。李显热衷于造金银器皿、锦绣，雕饰园林、射猎驰骋。薛元超上疏请李显牢记高宗及武则天的嘱咐，"罢驰射之劳，留情坟典"，效果不大。

身体不好的高宗，不可能有更多的时间来调教李显，再加上与前面两位太子的对比，尤其是相较于理国能力较强的李贤，高宗对李显的失望无以言表，从而立了皇太孙。立皇太孙虽然不合法度，但是算是高宗未雨绸缪、防危杜渐的做法。可能正是他的这些表现，反而淡化他与武则天之间的权力争斗，弱化了母子之间的矛盾。李显也有可能从两位哥哥与母亲争权的斗争中吸收一些教训，或者是他担心自己也会有一个悲惨的结局，所以他选择逃避。高宗和武则天在为迎娶新太子妃韦氏时，还大摆酒会三天，家人及君臣之间都一派祥和。

当然，李显与武则天之间也是存在矛盾的。李显不可能没有权力的欲望，尤其是在当了太子之后，他只是不敢与武则天争权，他在隐忍，他在等待，他不想走兄长的旧路。武则天曾杀死他的前妻周王妃，他也在隐忍，不敢向武则天发起挑战。他一方面没有这个能力，他不自信，可能更多的是害怕，害怕武则天一旦把他作为争权对手就可能灾祸来临。

高宗归天后，一封遗诏将表面祥和的母子推向了斗争的前台。遗诏中有三项关键内容：一是皇太子可于柩前即皇帝位，这是让李显最快掌握帝权的方式；二是李显给高宗守孝的方式是以日易月，服丧时间为二十七天，这也是最快过渡帝权的方式；三是武则天在大事上，拥有决断的权力。这封遗诏，实际上形成了李显、顾命大臣裴炎和武则天三方的权力分配格局。

遗诏中矛盾的语言，"军国大事有不决者，兼取天后进止"，给了顾命大臣裴炎争权的机会，也给了武则天独揽帝权的机会。武则天为了获得帝权，只能和裴炎进行交易，裴炎获得了更大的处分政务的权力。这封遗诏原本是想帮助能力不够的李显，想让他顺利继承帝位。这封遗诏体现了高宗的复杂心情和矛盾心理，他当然想让李显直接拥有全部权力，但是又担心李显不能驾驭；又不想让武则天拥有过大的权力，担心会影响李显的继位；又不想通过顾命大臣来平衡武则天，他忘不了自己如何从长孙无忌和褚遂良手中夺回权力的。但这种矛盾被裴炎利用了，裴炎帮武则天解决了遗诏不利于武则天的问题。首先宣布守孝期间，新皇帝未正式受册，所以发号施令全由天后。在这短短的二十七天之内，武则天做了充分的准备，安抚了李唐宗室势力，调整了宰相队伍的构成，控制了中央禁军的调拨权力，加强了对地方政治势力的控制，而且还不忘抽空安抚一下韦皇后的家族。武则天指挥国家的能力，在这二十七天之中，充分展现出来，完全是娴熟的帝王气魄。而这一切，李显都被蒙在鼓里。

李显和武则天相比，政治斗争的经验相差太多，他只是天真地认为只要他继了位，他便拥有了至上的权力。当他真的继了帝位之后，他才发现根本不是他想像的样子，他被完全架空，无法正常行使自己的帝权。与先前的隐忍相比，此时的他又太缺少耐心了。或者说他先前的隐忍全部释放出来，变成了凡事都不能隐忍。他想在最快的时间内夺回帝权，他想到最直接的办法就是提拔韦皇后的娘家人，从而来壮大自己的政治力量。他不知道如何去团结各种政治势力，比如说李唐宗室势力、地方政治势力，最起码也要控制羽林军。他只是从身边值得依赖的人入手，先把韦皇后的父亲韦玄贞提拔为豫州刺史，而后又从刺史提拔到侍中。这种快速提拔，遭到了裴炎的反对，坚决不起草诏书。当然，李显这些行为，也极有可能是出自韦皇后的主意。

裴炎和武则天设置了一个局，等待李显入彀。一个宰相竟然敢于挑战皇帝的龙威！愤怒的李显此时失去了冷静，他在冲动之下发出了惊人的言论："就算我把天下交给韦玄贞有何不可！他怎么就做不得侍中呢。"裴炎赶快向武则天汇报，静待时机的武则天立刻抓住了这个稍纵即逝的机会。同时，武则天和裴炎也想好用谁来代替李显最合适，那就是李旦。并且让北门学士刘祎之来辅佐李旦，刘祎之正好是李旦的老师。武则天还及时笼络了两位羽林军将领程务挺、张虔勖。

旋即在一个本不该上朝的日子，武则天突然召集文武百官到乾元殿议事。乾元殿只在有重大事情才会启用，比如皇太子即位、立皇太子、立皇后、除夕、元旦或国家其他喜庆的朝会。李显此时还处于一头雾水之中。百官群集于此，感到似乎要有什么大事发生，却一无所知。而后，裴炎、刘祎之及两个羽林军将领率领羽林军进入大殿，

睿宗手书的《景云观钟铭》

裴炎宣布:"皇帝无道,奉太后令,废皇帝为庐陵王。"李显大呼:"我何罪?"武则天曰:"汝欲以天下与韦玄贞,何得无罪!"李氏天下,岂可与他姓之人。欲加之罪,何患无辞!

武则天计划成功的原因,除了发号施令的二十七天做了充分的准备,更为重要的是计划的可行性。第一,控制中央禁军,笼络羽林军将领发挥了直接作用。第二,君臣之间的矛盾,使得裴炎、刘祎之都愿意站到自己一方。第三,行动突然,李显和支持李显的人没有任何思想准备。其实还有一个原因,就是因为武则天在废李贤之后,把原来的东宫班子基本解散,而不是像李弘死后全部转到李贤府中。

嗣圣元年(684),中宗李显被废为庐陵王,先到房州,后居于均州,又迁于房州。文明元年,皇太孙李重照被废为庶人,四子豫王李旦被立为皇帝，是为睿宗，其长子永平郡王李成器为太子。文明元年，裴炎下狱死。

圣历元年（698），李显结束了流放生活回到洛阳，复为皇太子。神龙元年（705），中宗李显复位。景龙四年（710），中宗死，享年五十五岁。唐隆元年（710），殇帝李重茂崩。景云元年（710），睿宗李旦复位。延和元年（712），李旦授位于玄宗李隆基。开元四年（716），李旦死于百福殿，享年五十五岁。

皇太后

李敬业为何反叛？

武则天临朝称制时期，嗣圣元年（684），发生了李敬业领导的大规模叛乱。武则天以铁腕手段平定叛乱，渡过军事生涯中最大的一次危机。武则天作为当时的政治强人，在政治上打击异己，培植亲信，树立自己的绝对权威，那么李敬业是为何甘冒风险起兵造反，为何在短时间内能够举兵数十万，又为何在一月之内即被平定？当时的政治环境是怎样的呢？

据史书载："时诸武用事，唐宗室人人自危，众心愤惋。"嗣圣元年（684）二月六日，武则天第三子李哲，继皇帝位三十六天，就被废黜。之后，武则天又改立幼子、二十二岁的李旦当皇帝，改元"文明"。二月十五日，正式册立李旦为皇帝。举行完册立仪式，他直接被软禁起来了，武则天坐在龙床后面垂下浅紫色的纱帘，正式临朝称制，她的理由是皇帝死了父亲，心情很悲痛，暂时无法理政，需要太后来代劳。

"光复大唐"，"中兴唐室"的情结在一些李唐臣僚之中蔓延。

这年，武则天六十一岁临朝称制，改朝换代的工作已经正式提上议案。武则天为自己当皇帝开始精心准备。随着地位的提高和权力的增加，她实行一系列的新政策，一方面对李氏子孙大加谪贬，逼杀废太子李贤；同时大封诸武，将她异母哥哥武元爽的儿子武承嗣正式拜相，武元庆的儿子武三思也提升为夏官（兵部）尚书。追封自己五代以内的祖先为王，夫人为王妃，同时准备建武氏七庙，这是堂而皇之的僭越行为，等于公开宣称自己是皇帝，刺激着满朝文武的底线，引起了李唐宗室以及士大夫的强烈不满，同时，一场叛乱正在酝酿来表达对武则天的愤怒。

叛乱在扬州爆发。扬州处于运河与长江的交汇处，距离出海口很近，是重要的交通枢纽，且财源丰厚，当时号称富甲天下；而且又远离政治中心，朝廷兵力有限。最主要的是这里聚集了一批失落的文人政客。首先是李敬业，他的祖父就是凌烟阁二十四功臣之一李勣（原名徐世勣，字懋功。高祖李渊因其对大唐有功赐其姓李，后避太宗李世民名讳改名为李勣）。李敬业曾随祖父打仗，据史书载，"射必溢镝，走马若飞"，作战十分勇敢。但同时也具有官二代的特点"目中无人，贪财好权。"李勣曾评价他这个孙子："破我家者必此儿。"李勣儿子早死，其英国公爵位传给李敬业，李敬业担任眉州刺史，因为失职被贬为柳州司马。其弟李敬猷为官水平也低，从县令的岗位上被罢免了。难兄难弟出去散心，来到扬州，在扬州碰上了同样是官场失意的骆宾王、魏思温等一批被贬官员。骆宾王作为"初唐四杰"诗写得不错，但是为官水平也不高，担任长安主簿期间，因贪污被贬临海丞。魏思温从御史一路被贬为庶民，来到扬州。

一群失意的政客，聚在一起，推杯换盏，免不了要感慨万千，感慨怀才不遇，对当今朝廷大肆批评，议论朝政，忧虑武后擅权。众人商议的结果，打出匡复李唐的旗号，聚兵反叛，必能马到成功。

率众起兵

李敬业等人采取了一系列手段和里应外合的策略。他们拉拢朝中大臣，通过魏思温的关系，争取到了监察御史薛仲璋，薛仲璋了解内情之后，上书出使扬州，作为御史有监察地方之责，更何况当朝宰相裴炎是他舅舅，外甥的请求哪能拒绝，于情于理都应批准，薛仲璋投靠李敬业以后，发动叛变，为以后裴炎入狱落下口实。于是，薛仲璋赶赴扬州。到达扬州以后就以谋反的罪名将扬州长史陈敬之逮捕。数日之后宣布李敬业为扬州司马，奉召讨伐南方反叛势力。于是从监狱里放出囚犯，接着下令打开府库，取出钱物、兵器，武装囚徒、丁役数百人组成一支武装力量，迅速占领了扬州。

然后改弦易帜，讨伐武则天，吊民伐罪，以佐助中宗还宫为名，恢复嗣圣年号，说武后擅权，纲纪难容。随后北边楚州（今扬州之北）司马李崇福率所部山阳（今淮安县东）、盐城（今江苏盐城）、安宜（今江苏保应）三县响应。

为了进一步扩大战斗成果，占领礼法的制高点，从而形成对武则天的舆论压力，李敬业的这个领导班子里最厉害的笔杆子骆宾王撰写了著名的檄文《代李敬业传檄天下文》，后来收到《古文观止》里，改叫《讨武曌檄》。此文，文笔流畅，措辞辛辣，笔锋犀利，极具煽动力，不论辞藻，声韵都是古文里的佼佼者，堪比王勃的《滕王阁序》。

伪临朝武氏者，性非和顺，地实寒微。昔充太宗下陈，曾以更衣入侍。洎乎晚节，秽乱春宫。潜隐先帝之私，阴图后房之嬖。入门见嫉，蛾眉不肯让人；掩袖工谗，狐媚偏能惑主。践元后于翚翟，陷吾君于聚麀。加以虺蜴为心，豺狼成性，近狎邪僻，残害忠良，杀姊屠兄，弑君鸩母。人神之所同嫉，天地之所不容。犹复包藏祸心，窥窃神器。君之爱子，幽之于别宫；贼之宗盟，委之以重任。呜呼！霍子孟之不作，朱虚侯之已亡。燕啄皇孙，知汉祚之将尽；龙漦帝后，识夏庭之遽衰。

敬业皇唐旧臣，公侯冢子。奉先君之成业，荷本朝之厚恩。宋微子之兴悲，良有以也；袁君山之流涕，岂徒然哉！是用气愤风云，志安社稷。因天下之失望，顺宇内之推心，爰举义旗，以清妖孽。南连百越，北尽三河，铁骑成群，玉轴相接。海陵红粟，仓储之积靡穷；江浦黄旗，匡复之功何远？班声动而北风起，剑气冲而南斗平。喑呜则山岳崩颓，叱咤则风云变色。以此制敌，何敌不摧；以此图功，何功不克！

公等或家传汉爵，或地协周亲，或膺重寄于爪牙，或受顾命于宣室。言犹在耳，忠岂忘心？一抔之土未干，六尺之孤何托？倘能转祸为福，送往事居，共立勤王之勋，无废旧君之命，凡诸爵赏，同指山河。若其眷恋穷城，徘徊歧路，坐昧先几之兆，必贻后至之诛。请看今日之域中，竟是谁家之天下！移檄州郡，咸使知闻。

檄文列举武则天的种种罪状："践元后于翚翟，陷吾君于聚麀"、"杀姊屠兄，弑君鸩母"、"包藏祸心，窥窃神器"，说武则天秽乱后宫、生性残忍、觊觎皇位。人神共愤，为天地所不容。而李敬业出身贵族，不畏强权，替天行道，捍卫李唐政权。号召人们，特别是沐浴李唐皇恩的各级官吏能够倒戈一击，弃暗投明，加入起义的队伍中来。檄文用语尖刻，情感炽热如火，极富感染力和煽动性。林语堂认为，这篇文章对武则天名誉的损害，远超十万大军。据说此文传到洛阳，武则天被此文斐然的文采打动，禁不住问是谁写的，有人告诉她是骆宾王。武则天说："宰相之过也。人有如此才，而使之流落不偶乎！"武则天身受如此詈骂而不怒，显示了作为一名伟大政治家的宽广胸怀，成为一段历史佳话。

《代李敬业传檄天下文》发布之后，天下争相传颂。一些对武则天不满的官僚地主纷纷投奔李敬业，开库铸钱，强行征募，实力迅速增长，据说旬日之间"得胜兵十余万"。李敬业开始了讨伐武则天的军事行动。

在准备讨伐武则天的时候，李敬业的领导班子发生了战略分歧，军师魏思温建议："我们举着匡扶李唐的旗号，就应该沿着运河直攻洛阳，这样就会表明我们的目的是还政于李氏，各方人马就会响应号召，而且能够打得武则天措手不及。"薛仲璋却认为，"金陵有王气，以长江为天然屏障，在此站住脚。然后先取常州、润州，奠定霸业基础，再北图中原。如此，则进可取，退可守。"面对这两种不同的战略方向，李敬业选择了后者，因为金陵有王气预示着李敬业霸业可图，于是李敬业率军挥师南下。但历史证明这是一种错误的战略选择。

平定叛军

面对李敬业等叛军的嚣张态势，武则天作为杰出的女政治家表现出了应有的智慧。

此时，唐中央还控制全国重兵足以节制四方情况，在军事上占据优势。态度上的临危不惧更有利于武则天在以后的行动中采取井然有序的军事战略措施，坚决镇压叛军。

稳定朝廷之后，迅速调集重兵，立即任命左玉钤卫大将军李孝逸为扬州道大总管，大将军李知十、马敬臣为副总管，殿中侍御史魏元忠为监军等一批有才能的将士，率领三十万大军从洛阳沿运河东南而下讨伐李敬业。在上述将领中，不得不讲一下李孝逸和魏元忠。李孝逸为唐高宗李治的堂叔，是宗室中辈分最高的一位，由他作为统兵将领出战说明讨伐的合理性和正当性，是代表李唐王朝来讨伐乱臣贼子的。相比较于李孝逸的政治身份，他的军事才能就很一般了，因此武则天任命魏元忠为监军，从中协助，魏元忠在平叛的过程中发挥了巨大的作用。

李敬业按照薛仲璋的建议，他命唐之奇把守江都，自己率军渡过长江，进攻京口重镇润州（今镇江市），润州刺史李思文寡不敌众，被俘，润州被占。在知晓李孝逸率军南下的消息后，李敬业急忙后撤，将军队主要布置在高邮、淮阳、都梁山等地。李孝逸进驻临淮，双方隔江相望。

双方第一仗，李孝逸便败下阵来，李敬业率领众将领在高邮县打败李孝逸偏将雷仁智，极大地挫伤了李孝逸的积极性，致使李孝逸军队徘徊不前。史籍载"孝逸惧，按兵不进。"失败的消息传到朝堂，太后震怒，十月十八日，下令将裴炎斩于神都洛阳都亭，十九日，追削李敬业祖父和父亲的官职，掘墓斫棺，恢复其本姓徐氏，所以李敬业也称徐敬业。

这时候就要发挥监军魏元忠的能力了，魏元忠劝诫道："朝廷以公王室懿亲，故委以阃外之事，天下安危，实资一决"，若大军久留不进"祸难至矣"。意思说，你是皇亲国戚朝廷重臣，太后把关系国家命运的事交给你，你出工不出力，你是不是和李敬业有一腿，这要是让太后知道，你也就快完蛋了。李孝逸被这么一吓，又知道武则天的手段，只能硬着头皮进攻。

端正工作态度以后，李孝逸重整旗鼓，制定严格的军事法规，只能前进，不许后退。采纳监军魏元忠的建议，挑柿子捡软的捏，先打李敬猷。第一是因其不懂军事，好打，第二可以鼓舞士气。因此，首先清除淮阴城外围据点，向龟缩在都梁山上的叛军发起攻击，进攻十分惨烈但同时也十分顺利，叛将韦超弃城而逃。占领该地以后，李孝逸乘胜追击，直奔淮阴城，淮阴城城池坚固，本可一战，但是守将李敬猷弃城而逃，去投奔李敬业，李孝逸不费一兵一卒收复淮阴城。

接二连三的失败，李敬业在阿溪（今安徽白塔河）排兵布阵，准备背水一战。李孝逸的先遣部队刚与李敬业一接触，便败下阵来，损兵折将甚多，后军总管苏孝祥阵亡，左豹韬卫果毅成三郎被俘后被杀。李孝逸率军及时赶到，双方展开厮杀，战斗异常激烈，战事进入胶着状态。关键时刻，监军魏元忠又发挥了决定性作用，他建议火攻，河岸上长满了枯萎的芦苇，正值冬天，西北风正紧。一把大火下去，火势借着西北风，蔓延很快，李敬业军中顿时乱成一片，李孝逸率军乘势掩杀过去，淹死者不计其数，斩杀七千余人。

李敬业见大势已去，便起了逃窜之心，率领其弟以及部下，准备逃往高丽，行走半道，被大风所挡，到达海陵（今泰州），被部下所杀，同时被杀的还有其弟李敬猷以及大才子骆宾王（关于骆宾王的下落还有一种说法是他遁入空门，出家为僧）。历时一月有余的李敬业叛乱至此平定。

李敬业的军事叛乱是对武则天的一次大考，通过这次叛乱充分展示了武则天的政治才能以及军事才能。武则天获胜的原因主要在政治、军事、经济等方面。

政治上，武则天以太后身份临朝称制，任用李孝逸为扬州道大总管。李孝逸身份崇高，地位显赫，是皇族内辈分很高的人，他欣然接受，说明李氏家族与武氏是一条阵线上的，这样就在道统的制高点上压制了李敬业。况且李敬业目标不明确，没有明确的拥护对象，在李哲、李贤、李旦之间徘徊，最后准备选择分裂割据、划江而治，失去了起兵的正义性，只能失败。

军事上，武则天具有良好的军事才能，调兵遣将，任用良将，在短时间内调集三十万兵马，任用李孝逸、魏元忠等一批良将。在军事上取得优势。反观李敬业，短时间聚集起来的力量只是一群乌合之众，并没有实际战斗力，在真实的战斗中焉能不败。

经济上，是主要的原因，在武则天治下，不论是百姓还是中下层官吏的生活水平都得到了很大的提升，四海升平，人民安居乐业，哪有放着好日子不过，跟着李敬业起兵造反的理由，有了百姓及官吏的支持，武则天焉能不胜。通过李敬业的叛乱，更加树立了武则天的威信，增强了她称帝的勇气和信心。

如何诛杀裴炎

李敬业扬州起兵叛变，消息传到洛阳，朝堂震惊，正当朝廷用人之际，却将宰相裴炎下狱，十月十八日，下令将裴炎斩于神都洛阳都亭。裴炎本是高宗托孤重臣，在武则天废黜中宗李显时立有功劳，深得太后信任。为何顷刻之间便有牢狱之灾，事件的起因还得从一次朝堂议政说起。

面对李敬业起兵造反，武则天召开会议，商讨如何应对。裴炎作为宰相首辅，理应积极建言献策，当武则天问他如何应对之时，裴炎说道："皇帝年长，未俾亲政，乃至猾竖有词，若太后返政，则此贼不讨而解矣。"意思就是说，皇帝年纪都这么大了，你还不让他亲政，导致了李敬业等人叛乱，给他们落下了话柄，假如太后还政于皇帝，这些叛乱就会不攻自破。裴炎借此次叛乱，向武则天逼宫，裴炎说完以后，整个朝堂鸦雀无声，武则天无言以对，不知如何应付。在这尴尬的时刻，监察御史崔詧说道："炎受顾托，大权在己，若无异图，何故请太后归政？"这句话的潜台词就是裴炎受先帝托孤的重任，现在已是一人之下，万人之上，莫非你有什么不臣之心，要不然怎么会逼太后还政于皇帝。这个台阶找得太及时了，随后武则天以谋反罪将裴炎下狱。

裴炎身为宰相，又是顾命重臣，只因在朝堂上不合时宜的谏言就以谋反罪入狱，对于人心的震动是极大的，大臣们纷纷上表，表明裴炎没有谋反之心，很多官员冒死营救，"文武间证炎不反者甚众"。侍中刘景先、凤阁侍郎胡元范甚至强硬地对武则天说："炎社稷忠臣，有功于国，悉心奉上，天下所知。""若裴炎为反，则臣等亦反也。"面对群臣的质问，武则天打了一记太极拳说道："朕知裴炎反，知卿等不反。"我知道裴炎谋反，不知道你们谋反。双方你来我往，大臣们一口咬定裴炎没有谋反之心，武则天就认为裴炎谋反，要证据没有，反正我就认定他谋反，表明不杀裴炎誓不罢休的态度，所谓谋反只是托词而已，目的是杀裴炎，以至于"文武间证炎不反者甚众，太后皆不听"，并在嗣圣元年十月丙申"斩裴炎于都亭"。

关于裴炎被杀在学界是有争议的，有些学者认为裴炎是忠臣，为维护李唐王朝，死于武则天刀下。也有些人认为裴炎是权臣，为了大权独揽，向武则天逼宫，从而一人独断朝纲。那么他到底被杀的原因是什么？仅仅是因为莫须有的谋反，还是卷进了不可言说的政治漩涡？

裴炎被杀，直接原因是因为他向武则天逼宫，要求还政于天子，被武则天扣了个谋反的帽子，入狱被杀。那么他到底谋反没有？裴炎谋反的说法出自张鷟的《朝野佥载》，而两《唐书》与《通鉴》则关于裴炎谋反的论述不尽相同。首先得明确的是张鷟的《朝野佥载》是私人笔记，跟当今的回忆录一样，掺杂了太多的个人情感，不能够准确地描述当时的历史事件，仅仅作为参考，了解一下还是可以的。

通过对《朝野佥载》里记载裴炎谋反事件的分析，大多不可信，裴炎谋反是通过字谜游戏来进行的，岂不儿戏，就不做进一步的分析了。在《新唐书·裴炎传》载："豫王虽为帝，未尝省天下事。炎谋乘太后出游龙门，以兵执之，还政天子。会久雨，太后不出而止。"意思就是裴炎准备趁太后出游，把武则天给扣了，但是由于下雨，太后不出来，这个计划就泡汤了。这件事也逻辑不清，裴炎作为宰相又不掌兵，如何扣押太后，起码得有同党吧，但最后就处决了裴炎一人，所以这件事情也经不起推敲。

还有一说是在扬州叛乱初起的时候将自己的外甥薛仲璋派到李敬业的身边，自己作为朝廷内应，里应外合。但是如果这样的话，当武则天问起该如何处理叛乱的时候，裴炎应该出谋划策，不应该向武则天逼宫，这不是引火烧身吗？于情于理都不通，而他直接向武则天提出要求，反倒是证明了他未曾参与叛乱，薛仲璋投靠李敬业是个人行为，与裴炎无关。

不论是正史记载还是野史记录，关于裴炎谋反一案语焉不详，经不起推敲，不符合历史事实，所以裴炎谋反的罪证大多不成立。但是从历史记载的只言片语里我们可以知道裴炎对武则天大为不满，武则天也对当朝宰相相当地不满意。二人在废立皇帝时渡过一段蜜月期，但是随后关系逐渐破裂，走向了不可挽回的地步。

中宗被废后，形成"政事决于太后，居睿宗于别殿，不得有所预"的政治格局，中央权力层面发生了根本性变化，由皇帝主政、宰相辅政的格局变成了武则天乾坤独断的局面，武则天代唐的进程迈出了真正实质性的一步，同时大力提拔武氏子嗣以及亲信进入中枢权力机关。中书侍郎、豫王府司马刘祎之同中书门下三品，礼部尚书武承嗣同中书门下三品。武则天将上述等人调入中枢机关，分化瓦解李唐势力。武氏势力不断崛起，形成了与裴炎为首的拥护李唐势力对峙的局面，武则天为了当上皇帝，采取了一系列措施，导致二人冲突加剧。

"时太后侄武承嗣请立武氏七庙及追王先祖，太后将许之。"武则天要为自己的先祖建立武氏七庙，这是明显的僭越行为，只有天才才能这样，激起了裴炎的强烈反对。裴炎面谏曰："皇太后天下之母，圣德临朝，当存至公，不宜追尔祖祢，以示自私。且独不见吕氏之败乎？"而且还说道："蔓草难图，渐不可长，殷鉴未远，当绝其源。"裴炎以吕后活生生的例子规劝武则天，不要忘记自己的身份，你是太后，如果想干些出格的事，你就想想吕后吧。建立太庙的想法最终作罢。

不仅阻止建立太庙，同时在诛杀李氏子孙的事情上，裴炎也强烈反对，武则天准备诛杀韩王元嘉、鲁王灵夔。但是二人虽身为宗亲，但是好学有文，友爱兄弟，很有人望。抓不住把柄，怎么办？就让中书省政事堂想办法，使得诛杀二人能够合法化，刘祎之沉默不言，裴炎的强烈反对，使得意见不能统一，最终没能成行。

通过一系列的事情，武则天视裴炎为眼中钉肉中刺，必杀之而痛快。裴炎活在朝堂之上，则武则天干任何有助于自己登上皇位的事情都很难办成。因为二人的政治理想是不同的，武则天想要登上皇位，自己占据最高的权力。而裴炎则想当个权臣，双方发生了不可调和的利益冲突。同时以武则天为代表的寒门士子在中央地位的上升严重侵犯了关陇贵族的利益，打破了世家大户垄断仕途的局面。

因此以裴炎为代表的拥护李唐政权的关陇贵族必须和武则天抗争到底，所以扬州叛乱这件事，裴炎以此事为契机主动出击要求武则天还政于天子，那么叛乱自然平息。武则天也不示弱，国家遇此叛乱时刻，身为宰相你不思如何御敌良策，却在此向我逼宫，新仇加旧恨，借着御史崔詧的说辞，就坡下驴，以谋反罪将裴炎下狱，在平息叛乱的过程中将裴炎处死。

扬州叛乱对于武则天来说是不足为虑，而裴炎逼宫才是心腹大患，裴炎所代表的不是一个人，而是以其为首的关陇世族的拥护李唐势力，如果朝堂出现了内乱，它的危害远远大于一场地方的叛乱，攘外必先安内。首先，必须统一思想，只有中央统一了思想，才能投入全部精力去平定反叛。裴炎未入狱之前，为了表明自己的立场，强迫武则天退出朝堂，故意消极怠工，行政不作为，不积极组织各方力量讨伐叛军，冷眼旁观。只有把裴炎治罪处决，给满朝大臣树立一个威信，不积极讨伐者死，敢言逼宫者死，整个朝廷才能上下一心，心往一处想，劲往一处使，全力组织平叛。所以，武则天在叛乱还未平定就杀掉裴炎，阵前斩将，看起来是触犯了兵家大忌，其实恰恰是最大程度上保证了政局的稳定和战争的胜利，同时打击了一直以来反对武则天称帝的关陇世族。

裴炎死后被抄家，家财籍没，亲戚流放岭外。抄家结果很意外，相比当时的许多贪官，宰相裴炎是相当的廉洁，可以说干净得犹如一张白纸，家里竟然一贫如洗，储存的粮食还不足一石。许多为裴炎求情的官员也遭到了惩处，扬州叛乱被平息之后，右武卫大将军、单于道安抚大使程务挺就是其中之一。程务挺治军有方，将士乐于听命，他多次打败突厥的进扰，是镇守边关的一员大将。就是因为上表为裴炎喊冤，被武则天派去的人斩于军中，突厥人闻讯，摆宴相庆。刘景先为裴炎辩冤被贬为普州刺史，郭待举"坐救炎之罪"罢相，贬任岳州刺史等。

随着几位宰相要么被杀，要么被贬，宰相已无人可当，武则天任命几位低级官吏为宰相。武则天不需要能力强的宰相，只需要听话、按章办事、服从自己的人，不允许对自己构成威胁这是最主要的。

在平息扬州叛乱、诛杀宰相裴炎、流放大批官员之后，武则天地位更加巩固。任何挑衅武则天的势力都被扼杀在摇篮里。武则天训斥群臣说道："且卿辈有受遗老臣，倔强难制过裴炎者乎？有将门贵种，能纠合亡命过徐敬业者乎？有握兵宿将，攻战必胜过程务挺者乎？此三人者，人望也，不利于朕，朕能戮之。卿等有能过此三者，当即为之，不然，须革心事朕，无为天下笑。"这段话相当露骨，威慑力极大，现在听起来都毛骨悚然，翻译过来就是："你们当中有些遗老遗少，还有谁比裴炎还倔强的吗?有些将门之后的，还有谁比徐敬业厉害的吗？有些手握重兵的将领，还有谁比程务挺厉害的？他们三个名望都很高，都很厉害，但是都不利于我，都让我弄死了，你们如果觉得自己比他们还厉害，咱再过过招，如果不行的话，那就好好地服侍我，不然会被天下人耻笑的。"朝堂之上大臣跪倒在地，齐声说道："唯太后所使。"

估计大臣们都被吓坏了，在这样的主子手底下干活，压力真的很大。面对武则天的高压政策，群臣只能俯首帖耳，从此之后，拥护李唐势力再也形不成从朝廷到地方具有威胁的整体性、全局性反抗，也就最终形成了武周代唐的大局。

铜匦矗起，风声鹤唳

垂拱二年（686）的春天，在扬州兵变过去不到两年的时间之后，一个四四方方高高大大花花绿绿的怪东西，在洛阳的朝堂之上矗立起来。

这到底是个什么东西呢？它的出现又会给武后带来怎样的收益呢？据《封氏闻见记》记载："汉时赵广汉为颖川太守，设缿筒，言事者投书其中，匦亦缿筒之流也。梁武帝诏于肺石、谤木之旁各置一函，横议者投谤木函，求达者投肺石函，即今之匦也。"看来，以铜匦肺石搜集民间言论的行为，并非是武后一朝的首创，早在汉代便有了类似的物件，然而这些相比于武后时期铜匦上书的规模之大，影响之深远，差的不是一丁半点。铜匦的出现与设立，将会成为十几年间令朝堂大臣胆战心惊闻之色变的一个"魔盒"，而匦使的设立更使武后的手爪眼线扩散到全国各地。

提议设置铜匦的人名叫鱼保家，是承审裴炎一案的侍御史鱼承晔的儿子。他按照传统的五行学说加以设计，将铜匦分为四格，用以收受来自四面八方的表章奏函，一旦投入便无法收回。这一点非常像现在的邮政信箱，但是它的功用，却远远超过了邮政信箱。

朝向东方的，是青色的延恩匦，代表春天的生发之力，鼓励求上进的年轻人投递自己的文章寻求上升。又因为此匦专以"告朕以养人及劝农之事"，所以直接关系到了农民的生活，起到了一定的实际意义。

朝向南方的，是红色的招谏匦，代表夏天的赤诚之心，接受人们对于朝政和时事的谏言。即"能正谏论时政之得失"，然而这一部分的设置实在显得动机不纯。因为凡是反对武氏做皇帝的人，凡是提出一丝一毫不同政见的人，都遭到了严厉的惩罚。招谏匦招来了多少建议我们不得而知，"引蛇出洞"看起来更像它的本质功用。

朝向西方的，是白色的申冤匦，代表秋天的公正之义，接受人们的冤案和申诉。即所谓"欲自陈屈抑"，这对于老百姓而言，确实起到了一定的保护作用，大大小小的地方官员，好歹不敢太过放肆。而平民老百姓，也确实多了一个可以正当维权的途径。

朝向北方的，是黑色的通玄匦，代表冬天的聪睿之智，鼓励人们为朝廷出谋划策。即"能告朕以谋智"这里所谓的智并非经天纬地之大才，而多是检举揭发构陷污蔑之词，是武后笼络爪牙打击反对势力的核心部分。

但从形式上看，设置这样的"意见集中箱"无可厚非，甚至在某些程度上为我们今天的民意收集提供了一个思路和方向。然而，在以周代唐血雨腥风的前夜，铜匦的设立无疑更拉紧了诚惶诚恐战战兢兢的官僚们脆弱的神经。"太后自徐敬业之反，疑天下人多图己，又自以久专国事，且内行不正，知宗室大臣怨望，心不服，欲大诛杀以威之。"设匦以拣异端，杀人以立威严，这个更像是"潘多拉魔盒"的铜匦，投进去的是沸腾着的人性的欲望，而一旦打开，则是无法控制愈演愈烈的厮杀与争夺。

谁在告密

精明的武后为铜匦配备了多名匦使，以谏议系统的官员谏议大夫、补阙、拾遗一人充当知匦使，以监察系统的官员御史中丞、侍御史一人为理匦使，每天所有的投状，日暮时分全部由知匦使送上，紧要事情即刻处理，剩下的转呈中书省和理匦使处置，根据情况上报朝廷。补阙即补正国家之过缺，拾遗即议论国家之遗事，上述进言也从原来的"廷议"和"上封"之外，多了投匦这一种途径，这对于唐代的政治决策其实是有很大的裨益。

而匦检制度作为一种有效的搜集民意的手段一直保留到了五代。我们最熟悉的诗圣杜甫，有一个有趣的称谓叫"杜拾遗"，其实就是承蒙武后当年的恩泽。天宝年间，科举屡屡不中的他曾两度投递文章至铜匦中的延恩匦，希望引起皇帝的注意，后来果然以《三大礼赋》得到玄宗的青睐，入位参军一职，后来又升职为拾遗，杜拾遗的称号也就是这么来的。当然这都是后话了。

垂拱二年（687）三月，铜匦铸成后，来自全国各地的告密信件雪花般的塞进了通玄匦,然而更具讽刺意味的是,成为铜匦第一个牺牲者的恰恰是它的铸造者鱼保家。告发者称鱼保家曾为李敬业叛军制作兵器,杀伤官军甚众。搬起石头砸自己脚的鱼保家对此毫无防备,只能束手就擒,成为铜匦受状的第一个牺牲品,连带着他的父亲鱼承晔也坐贬为仪州司马。

告密的序幕这才刚刚拉开,之后是武后接连颁布了几道鼓励告密的诏令,这使得告密的风潮愈演愈烈。"潘多拉的盒子"一旦打开便难以合拢,在各种利益的诱惑之下,铜匦完全成为阴谋家野心家不惜踩踏他人尸体借以上位的"欲望之匦"。生机勃勃的青,激情熊熊的赤,深情款款的白,彻底被晦暗幽邃深不见底的玄武之黑而吞噬。

告密者的待遇是这个样子的:凡是进京告密者,不问职业尊卑都可与太后面谈,任何地方官员与臣子不得过问干扰,旅途之上全部供以五品礼遇,夜宿驿亭官舍,餐有七菜一羹,地方官吏如敢私留不送必受严惩。如果奏议采纳则擢为官员一步登天,如果未被采纳毫发无损送其回乡。这个丰厚诱人且只赚不赔的生意让全国上下的民众为之振奋,乃至亢奋。

告密的盛况是这个样子的:怀揣着秘密的人们从全国四面八方赶到洛阳,企图在这里贩卖自己的"货物"以得到不可告人的酬劳。他们中有农人渔民,有贩夫走卒,有市井混混,有监狱囚犯……他们风尘仆仆,他们神采奕奕,他们操着带有不同口音的乡声俚语,添油加醋地向统治着这个帝国的老女人讲述着各路子虚乌有荒诞不羁的故事,而那位高高在上威严无比的太后却表现出了对此极大的兴趣与耐心。她与他们同笑与他们同哭,显示出前所未有的宽容与随和。在她看来,这些告密者像苍蝇,嗡嗡的乱唱却总能唱到她想听的曲儿;而在当时的官僚系统看来,这些告密者像极了蚊子,碎小而庸常,但却足以叮得你痒痛难耐,甚至鲜血直流。

告密运动的"衍生品"便是一大批脑残心硬手狠的"天才打手"得以脱颖而出。酷吏的最早明确记载出现在汉代,司马迁《史记》中便有专为这类群体立传的《酷吏列传》,他们大多执法严苛,冷漠而凶悍,堪称帝王的爪牙打手。然而汉武帝手下的这些酷吏与武后的打手相比,还是逊了好几分。值得注意的是,对于武后一朝的酷吏政治而言,这次告密风潮起着至关重要的作用。

武后需要一群没有底线无所顾忌的人,他们就像一把锋利无比的刀子,这把刀子没有任何的伦理道德和制度规范的束缚,在武后权力欲望的疯狂蔓延之下,人挡杀人,佛挡杀佛。

这些打手们果真不辱使命,在恐吓威逼中,朝臣上下如履薄冰,谁也不敢当面跟太后叫板,而可怕的告密运动更是使得人人自危,生怕有朝一日落入酷吏手中,求生不得求死不能。武后这一招来的够绝够狠,简单粗暴,直指要害。而她的铜铁般的威严,也终于在刑狱之下那痛苦的呻吟和流淌的鲜血中,树立了起来。

谁在坐明堂

"归来见天子,天子坐明堂。"从北朝民歌《木兰辞》中这句朗朗上口的歌辞,我们可以看出自古以来明堂就和天子联系在一起。传说中,明堂是由轩辕黄帝亲手建造的,本源自于上古时期华夏先民的

王世仁复原武则天明堂图

太阳崇拜。太阳在以农耕为主的华夏文明中有着至关重要的意义，对太阳的祭祀权更标志着统治权的占有，因此，明堂从一开始就带有浓重的神秘主义色彩。中国历史上，明堂代代都有建造，自周代起开始固定称作明堂。进入封建社会后，明堂逐渐演变为以国君为中心的沟通天象和人事的神圣建筑，国君成为苍天之子，太阳的化身，受命于天，前来统治人间。总之，明堂在中国的政治文化语境中，占有着举足轻重的位置。

因为明堂具有君权和神权的双重象征，几乎所有的皇帝都把建造明堂视作一种如同开边拓疆一样伟大的事业，修成明堂，是历朝历代倾举国力也要做好的工作。唐高宗李治登基的第一件事情就是打算修建明堂，这个仁懦的皇帝一辈子都在为这个光宗耀祖的事业而努力。他听从儒生的意见不断修改、商议，明堂设计的各种方案在他的手里达到了顶峰。遗憾的是，终其一生，高宗也未能在有生之年看到明堂。

武则天做到了。

可武氏明堂的高度与形制，实在令人匪夷所思。

明堂有多高？按照新旧《唐书》《通鉴》《唐会要》等书的一致记载，共分三层，"高二百九十四尺"，以一唐尺=0.294米计算，折合为86.43米，这个接近百米的高度相当于如今故宫太和殿的两倍，相当于今日一幢三十层楼那么高。要知道，这是在没有钢筋水泥没有吊臂卡车的一千年前的唐代。

武后一手创建的东都明堂其实是融会了儒、道、佛乃至域外宗教的杂交建筑，她力图将明堂建造的华丽非凡无可媲比，因此不顾儒生一再要求的明堂应该保持上古时期不事修饰的朴素简洁，她大兴土木，不惜一切手段，所动用的巨木据说需要一千人才能拖动。她如此高调，实则表明了自己的姿态：我就是要打破你们定下的一切禁忌。

明堂的底层四面象征四时，为布政之所，武后在这里发布各种政令。中层为八角形，上立重檐，雕饰着九条金龙，众星捧月似地捧着一个圆盘，其上为明堂的最上层祭天之所。而宝顶赫然竟是一只高达丈余的铁凤凰，黄金为饰，昂首振翼，直欲破空飞去，晴天时舒展着灿烂的双翼，似乎浑身都燃烧着金色的火焰，以一种君临天下的强悍姿态，令其下的九条雕龙都黯然失色，沦为陪衬。

或许这才是武后兴修明堂的原因。

她就是要这样步步蚕食男权话语下人们的心理承受下限；她就是要用实际行动让那些质疑她诽谤她中伤她的人统统闭嘴；她就是要向天下的人证明：没有什么事情，是我武则天做不到的。

于彼新邑，造我旧周。光宅四表，权制六合。

终于，她一手缔造的神话一般的圣殿，在神都洛阳城的中轴线上拔地而起。人们心情复杂地抬头望向明堂顶端，那只凌翅九霄的金色凤凰，带着与生俱来的不屈与倔强，执拗地在一片质疑慨叹声中问鼎苍穹。

神皇圣母

垂拱四年（688）四月，一个叫唐同泰的雍州人献给武则天这样一块石头：白色的石头上面写着这样八个大字："圣母临人，永昌帝业"，唐同泰称，这块石头是他从洛水中打捞出来的。河出图，洛出书，这是儒家理想治世才能出现的最大祥瑞啊。朝野闻此轰动，百官纷纷上奏祝贺太后"皇业高于补天，母德隆于配地"，即武则天的功业是乾坤合德。

关于这个故事，还有另外一个版本。

垂拱四年的这个春天，武承嗣派人在一块白石上镌刻出"圣母临人，永昌帝业"八个大字，杂以紫石等药物填塞，白石莹润如玉，字形古雅朴拙，如天外之物，然后找人奉表献于朝廷，声称这是从洛水里面找到的……

关于这块石头到底是真的还是伪造的，是武承嗣原创的还是武则天授意的，其实并不重要了，因为它的主人，终究得到了自己想要的东西。

武后默许了这一事实，她微笑着接受了这份特殊的礼物，瑞石来自洛水，必为天授宝图，她顺着大臣们的意思，给自己上一个尊号："圣母神皇"。这在之前的历史上是绝对没有的。况且当天子仍然在位之际，皇太后上此尊号自称神皇，更是史无前例触目惊心，这个富有刺激性的名号挑战着李唐王朝最后的忍耐力。

但更让人心惊肉跳的还是太后下的拜洛诏书，声称她将于十二月亲临洛水举行受图大典，之后坐明堂接受群臣朝贺，因此特别要求各州的都督刺史及李唐宗室外戚都需要在拜洛大殿之前十日齐集于神都。具有敏锐政治嗅觉的李唐宗亲们终于嗅到了这道圣旨背后的杀气，他们终于坐不住了。

从高宗死后，这个女人的举动频频挑战极限，废了一个皇帝，软禁了一个皇帝，杀了好几个顾命大臣，修了一个令人无法容忍的明堂，现在又搞造神运动给自己加尊号，这一系列不寻常的举动让李唐宗亲们不得不接受这一残酷的现实：这个女人绘制的长卷已经接近尾声，而现在她要撕下最后那层垂下来的帘子，从幕后走向台前了，在这之前，她需要和他们做一个了断。

血腥盛唐

提到盛唐，人们首先想到这是一个锐意进取、昂扬向上的时代，它气势恢宏、大气磅礴，在方方面面都取得了惊人成就。人们也很容易想到精妙的诗歌、绚丽的壁画、曼妙的歌舞、丰满的女人，以及所向披靡的唐军。的确，这是中国历史上一段难得的太平盛世，前有贞观之治，后有永徽中兴，社会呈现出一派歌舞升平、路不拾遗的治世景象。但盛唐也有它的另一面，那就是这也是一个充斥着血腥和暴力的时期，从唐太宗李世民登上皇帝的宝座，到武则天黯然退位的神龙元年，国家权力的最高层面一直处于残酷的政治斗争之中，一派血雨腥风，充满了阴谋和杀戮的气息。

玄武门手足相残

唐高祖李渊的皇后窦氏生有四个儿子，分别是长子李建成、次子李世民、三子李玄霸（早夭）、四子李元吉。依照当时的立储规则，长子李建成当上了太子。按说身为太子，李建成只要在父皇的指引下练习治国本领，等到父皇驾崩后便可承继父业，登上皇帝宝座了。但是他的内心一直隐隐不安，他害怕自己的太子地位一朝不保，被二弟秦王李世民争夺了去。秦王与高祖李渊经营天下，他带兵四处征讨，立下了赫赫战功，威望极高，先后被封为司徒、尚书令、中书令，乃至无可再封时，被授予了史无前例的天策上将之职，地位仅次于李渊和太子李建成。李世民功高震"主"，太子李建成对他的担心是很自然的。武德二年（619），也就是李渊称帝的第二年，他就对李世民有所猜疑，为此太子詹事李纲还曾规劝他"不应听信邪言，对秦王妄生猜忌。"可见兄弟之间矛盾已生。

有了这样的担心，接班问题就显得非常紧迫。可是父皇李渊的身体很棒，最后一直活到七十岁，这就让时刻有危机感的太子李建成更是如芒在背。如何消除秦王李世民对自己的威胁，成为太子当前最为紧迫的任务。在这种形势下，兄弟三人分化成两大集团：以李建成、李元吉为首的太子党和以李世民为首的秦王党。李元吉封齐王，在兄弟之间的政治斗争中选择了坚定与太子李建成站在一起，二人结成了坚实的同盟关系，他们拉拢、培植党羽，联手排挤李世民。秦王李世民一派，依靠多年来立下的无数军功，赢得了父皇的赞赏；他又有一大批忠实的支持者，如长孙无忌、尉迟恭、程知节、段志玄、房玄龄、杜如晦、秦琼、张士贵等等，人才济济，势力足以与太子党抗衡。

太子和李元吉两人常有过错，比如太子性情松散，贪杯好色，又喜欢打猎，并不被父皇所喜欢。李建成看到父皇在处理他们与李世民之间的关系上常常摇摆不定，内心更加着急。为了巩固自己的太子地位，李建成和李元吉使出浑身解数，施展各种手段，处处打击秦王李世民。他们最常用的一招是吹枕边风，以谗言诋毁李世民。他们看到高祖宠幸张婕妤和尹德妃，就极力曲意侍奉她们，奉承、贿赂等手段都拿来，无所不用其极；张婕妤、尹德妃为了自己的利益，也竭力讨好两人，双方之间甚至发展到突破人伦大防，李建成、李元吉与自己的庶母张婕妤和尹德妃有了私情。有了这样亲密的关系，张、尹二人一有机会就对高祖说李世民的坏话。有几个男人能够受得住这样的枕边风呢？在她们锲而不舍的谗言中，高祖对秦王李世民的态度果然变坏了。看来枕边风太厉害了，连皇帝也不能免俗。

太子李建成还努力寻找建立功勋、树立威望的机会。武德五年（622），刘黑闼再度起兵反叛，辅佐太子的魏徵等人就对李建成说："秦王功勋日隆，威震四海，天下的人心都向着他，殿下用什么来保全自己？现在刘黑闼只剩下不足万人的兵力，缺衣少食，殿下亲去攻打，定会势如破竹，获得战功。殿下趁机结交山东豪杰，就可以保住太子之位。"李建成赶紧向高祖请求讨伐刘黑闼，李渊下诏应允，李建成顺利地讨灭了刘黑闼，实现了预期的目标。这是李建成为巩固太子地位而采取的实际行动之一。

李建成为了扩充实力，秘密组建由自己掌控的武装力量。他擅自在长安及各地召募来两千多名骁勇之士，充当东宫卫士。他把他们安置在东宫左右的长林门，号称长林兵。他还暗中从燕王李艺那里调集来三百名精锐的幽州骑兵，安置在东宫东面的坊市之中，准备用来补充在东宫担任警卫的低级军官。不过这些私自招募兵士的行为被人告发了，李建成受到高祖责备。李建成并无悔改之意，又开始了另一场秘密行动。

武德七年六月，高祖到仁智宫避暑，命令李建成留守京城，李世民和李元吉随驾前往。李建成想乘居守之机，让做过东宫侍卫的庆州总管杨文幹"募健儿送京师，欲以为变"，又命郎将尔朱焕、校尉桥公山把盔甲送给杨文幹。孰料二人将此事禀报了高祖，高祖勃然大怒，他借口有事，亲笔诏书传李建成速到仁智宫。李建成心里害怕，不敢面见天子，最后才在他人的劝说之下硬着头皮单身来见高祖。他向父皇跪下叩头请罪，头碰在地上撞得山响，几乎晕死过去，高祖仍然怒气未消。这天夜里，他被派人看守在幕下，仅以麦饭充饥。杨文幹听说太子被拘后起兵造反，由于此事牵连着太子，高祖害怕响应之人众多，就让李世民亲自前往镇压，并且许诺他说："你回来以后，我就立你为太子。我不想像隋文帝那样杀害己子，到时就把建成降为蜀王，蜀中兵力薄弱，如果以后他能侍奉于你，你就让他保全，如若不然，捉住他也容易些。"李世民率领军队出发后，李元吉与高祖的嫔妃们等人为太子求情，高祖一时食言，放了李世民的鸽子，他让太子留守京城，而仅仅责备建成有兄弟不和的过失。

秦王李世民看到自己与太子李建成的关系日益紧张，认为兄弟摊牌的时候迟早要来，就想离开京城，到长安东面的洛阳去。洛阳居九州腹地，依托中原，地理位置十分优越。太子李建成怕李世民一到洛阳，就有了土地和军队，这一走恐怕如龙归海，再也不能控制，终于向李世民伸出了毒手。一天晚上，太子李建成召来世民喝酒，暗中在酒中下毒。李世民饮下毒酒，心痛如绞，吐血数升，由淮安王搀扶着返回了西宫。高祖听说后来到西宫看望，对李世民说："当初是你首先提出反隋的谋略，消灭敌人，平定海内，立下了大功。我打算立你为太子，你却坚决推辞。建成年纪最大，现在立为太子已经很长时间，我也不忍心夺去他的太子之位。你们兄弟阋墙，相互之间难以相容，你还是留居洛阳，陕州以东的地区归你主宰，你可以设置天子的旌旗。"李世民就要出发了，李建成、李元吉一看李世民要走，就让人密奏高祖，诬他如果就此离京，将再也不回长安了；又指使亲信轮番劝说，高祖又改变主意，取消了计划，李世民去洛阳的事情就此搁置。李建成、李元吉与嫔妃们日夜不停地向高祖诬陷李世民，高祖信以为真，甚至打算惩治李世民。

　　为了分离秦王的势力，太子李建成加紧活动，他运用拉拢或者收买的手段，来翦除李世民的羽翼。他先是以一车金银器物赠送给尉迟敬德，尉迟敬德拒绝说："我不过是以编蓬为户、以破瓮作窗的小民，幸受秦王恩典才至今日。我没有为殿下立过寸功，怎敢凭空接受如此丰厚的赏赐。"李建成大怒，与他断绝了往来。李元吉派刺客刺杀尉迟敬德，没有成功，就将他诬陷入狱，在李世民的再三请求下才得以幸免。接着，程知节被外放为康州刺史，房玄龄和杜如晦也遭到斥逐。恰在这时，北方的突厥入侵，李建成向高祖推荐李元吉代替李世民督诸军征讨，李元吉趁机将秦王手下的大将尉迟敬德、程知节、段志玄，以及秦府三统军秦叔宝等人一起出征，拉走了秦王的精锐之士。形势已经非常紧迫了。长孙无忌、尉迟敬德等人看到辅佐秦王的臣子快走光了，"日夜劝世民诛建成、元吉"。

又有人又向李世民告密，说太子李建成打算在为李元吉饯行时谋害李世民。在这千钧一发之际，李世民与房玄龄等人决定发动政变。

六月初三，太白金星再次在白天出现在正南方。高祖接到秘奏，说这是秦王拥有天下的征兆，把密奏给李世民看。李世民趁机揭发李建成和李元吉"淫乱"后宫，与尹德妃、张婕妤有私，并且说："臣于兄弟无丝毫所负，今欲杀臣，似为世充、建德报仇。臣今枉死，永违君亲，魂归地下，实亦耻见诸贼！"高祖听了十分惊讶，答应第二天审问此事。六月初四，李世民率领长孙无忌、尉迟恭等人入朝，并在玄武门埋下伏兵。李建成、李元吉二人不知就里，也一起入朝，骑马奔向玄武门，他们察觉有变，立即掉转马头，想返回东宫和齐王府，被李世民和尉迟敬德等人分别搭弓射死。

这时高祖正在宫内的海池上泛舟，看到尉迟敬德身披铠甲手握长矛入见，大惊，问："今日作乱的人是谁?爱卿来到这里做什么?"尉迟敬德说："秦王因为太子和齐王作乱，举兵诛杀了他们，怕惊动陛下，派我为您担任警卫。"裴寂、陈叔达等人在场，高祖问："没想到今日会有此事，应该怎么办呢?"萧瑀、陈叔达说："建成、元吉本来没有参与反抗隋朝的义军，于天下无功，他们嫉妒秦王功高望重，秦王诛杀了他们。陛下如果立秦王为太子，委之国事，就不会再有事端了！"高祖只好同意，下达了"诸军并受秦王处分"的手令，李世民跪下，伏在高祖的胸前号啕大哭。六月初七，高祖立李世民为太子，下诏说:"自今军国庶事,无大小悉委太子处决,然后闻奏。"是年八月甲子,李世民即皇帝位,大赦天下,高祖自为太上皇,不再过问国事。

对李建成、李元吉家族的惩处是,双方儿子被处死,从宗室名册上除名。所死者有李建成子安陆王李承道、河东王李承德、武安王李承训、汝南王李承明、钜鹿王李承义;李元吉子梁郡王李承业、渔阳王李承鸾、普安王李承奖、江夏王李承裕、义阳王李承度等人。女眷全部没入宫中,后来杨氏被李世民纳为妾,为李世民生下一子。

武则天诛杀李唐宗室

在武则天的时代,她的杀戮更是让人心惊胆颤。她不但高举屠刀,几乎杀尽了反对她的以长孙无忌为代表的关陇集团,还对李唐皇室成员下了狠手。

我们可以先梳理一下这个时候还活着的李唐宗亲,因为这几乎将成为不久后提交到武后面前的那份死亡名单。

高祖二十二子尚存四人:韩王元嘉、鲁王灵夔、霍王元轨、舒王元名。

太宗十四子尚存二人:越王贞、纪王慎。

高宗八子之中,武后亲生的死了两个,还有两个在囚禁中,其余的也就只剩下上金和素节这两个早已被折磨得半死不活的庶子。皇族亲王也就只剩下这八人以及他们的子嗣。

武后亲政之后,表面上仍然对高祖太宗诸子极尽礼遇,全部尊为三师三公，但却没有丝毫实权，封邑频频调动，不让他们在一个地方做刺史太久，暗地里安插亲信监视，大开告密之门。这些宗室地位虽尊贵，但有封爵而无国土，有虚职而无实权，自身又处于重重监视之中，虽然知道太后心思不善，却也只能坐观其变了。扬州兵变后，武承嗣便向武后建言借机剪除诸王，但武后认为时机未至，反而任命李唐宗室李孝逸为主帅去讨伐叛军，果然收到了很好的效果。随着武后对帝国控制的一步步加强，李孝逸已经失去了利用价值，垂拱三年被流放岭南而死。这看在李唐宗室眼中，岂会没有兔死狐悲之感？武承嗣的建言，诸王不能没有耳闻，疑惧重重辗转反侧。

韩王元嘉之子李譔与越王贞之子李冲交游广阔，政治敏感度较高，二人经常密语，私下串联，相约举事。

终于动了。由李譔与李冲为首，伪造了皇帝的书信，以皇帝要求诸王派兵勤王的名义，联络诸王起兵响应。然而诸王反应不一，如纪王慎就坚决拒绝起兵，他认为实力太过悬殊，完全是以卵击石。倒是高祖之女常乐公主表现出了不让须眉的决然态度。她慨然道："昔日隋文帝将篡周室，尉迟迥身为北周皇室的外甥，犹能举兵匡救社稷。功虽不成，威震海内，足为忠烈。现在诸王均为先帝之子，岂能不以社稷为心！面对如今李氏危若朝露的困境，不能舍生取义，尚待何时！就算是兵败身死，也无愧此生。"果断的口吻，必死的决心，这位公主在千钧一发的时候表现出了皇家女子应有的姿态。

相较于常乐公主的果决，一些宗室的男性令人失望至极，李唐当年的血性完全不见踪影。鲁王灵夔之子李蔼承受不住压力，当他知道父亲正与越王父子策划起兵之时，他自忖越王必败，竟将宗室起兵的计划全盘报告给了武后，出卖了父亲和皇室宗亲，只求换得自己免死不诛。

李蔼的告密加速了李唐宗亲的灭亡速度。李冲不得不提前起兵，一面派人分报韩、鲁、霍、越、纪诸王，希望让他们起兵接应，共取东都。由于各州距离不一，诸王得到消息的时间并不一致，原本就心存犹豫的诸王面对这一意外情况，都慌了神简直不知如何是好，大敌当前，人人只求自保何来凝聚一心？而此时太后的大军已经浩浩荡荡地出发了。

事已至此，只得拼死一战。李冲临时募兵五千，其实也是乌合之众，他决定先过武水，然后从这里强渡黄河。然而当李冲率领这五千人兵临武水的时候，当地县令已经得到消息，闭门拒守。求胜心切的李冲下令把草车推到南门，因风纵火，准备烧毁城门，趁势突入。然而上天就像有意给他开玩笑，火尚未起的时候是南风，火一点燃，却突然变成北风，未至城门，反而烧到了自己。士兵惊呼后退，队形为之一乱。李冲的属下董玄寂原本是负责为他管武器的，却并不看好这次起兵的前景，接二连三的意外让他更相信这是天意如此，当下跟人说："琅邪王与国家交战，这是造反。"愤怒的李冲以动摇军心罪将他处斩，然而出师不利士卒精神原本高度紧张，董玄寂的话和李冲的威胁点燃了他们心底的恐惧，当下四散逃逸不可遏制，五千兵马顷刻间土崩瓦解，只剩下李冲一个人。

大势已去，李冲带着几十名家丁僮仆沮丧地返回他的封地博州。守门人孟青棒看着这位失魂落魄的王爷走近，趁其不备将他当场击杀，拿着他的头去向太后领赏，竟被升为将军。此时距离起兵不过七日，博州城破，血流成河。

这场可怕的灾难一直持续到垂拱四年（688）。当时坚定表明不参加叛乱的舒王元名和纪王慎还在暗暗庆幸自己的明智，因为现在李家的亲王级人物就只剩下他们两人了。他们的算盘打错了，即使没有参加叛乱，他们的姓氏与地位，也会成为招致祸端的缘由，因为武后不会给敌人以任何东山再起的机会，她要实现的，是将李唐这棵根深蒂固的大树连根拔起。

第二年四月，高祖第十六子故道王元庆之子李湮、太宗第七子故蒋王恽之子李炜等十二位皇族，都因叛逆罪被诛杀抄家，开除出宗籍。七月，舒王元名和纪王慎这位两七十多岁的老人终究难逃走向刑场的命运。舒王元名罪名是因儿子与越王合谋而连坐，纪王慎罪在知情不报，欲加之罪何患无辞，如果说他们真的有什么错的话，那只是因为他们姓李。

颇具戏剧性的一幕是，武后并没有直接处死这两个人，而是在屠刀落下的一刹那宣布赦免二人，这两个年逾古稀的可怜老人，在得知子孙后世无一人存活的情况下，身披枷锁流放他方，不久便辞人世。至此，高祖二十二子，太宗十四子，已经无一存活在世。

而对于上金和素节这两个昔日情敌的儿子，武后丝毫不手软。杀死他们，就像杀死两只默默无闻的蚂蚁。随后，上金七子，素节九子，也在武后地毯式的屠杀中丧命。

被控谋逆的李唐皇族中人均被开除出宗籍，改姓为虺，虺是指毒蛇或者蜥蜴一类的肮脏的爬虫，武后就是要在肉体和精神上给对手以双重折磨。由垂拱四年到天授元年的短短几年间，昔日金尊玉贵的宗室皇族无不遭受灭顶之灾，整肃的寒刃挥过，猩红的鲜血如榴花般地迸溅，撒落于尘埃之上，将大地染成团团触目的深红。血污和到处弥漫的腐尸味道充斥着堂皇的神都洛阳，大江南北都可以看到衣冠扫地的公卿们被铁链拴着如牛马般驱赶过市，前往岭南亚热带的蛮荒丛林，或飘摇于海南孤岛之上，继续朝不保夕的囚徒生涯，苟延残喘着他们不见尽头的晦暗人生。

稠浓的鲜血一点一点地凝成厚厚的血痂，惊心动魄的屠杀也终究将化为史书中这句"唐之宗室至是殆尽矣"简单淡然的文字。当这份死亡名单最终列出的时候，我们读到的，不只是皇族相戮的悲哀，还有生在帝王家的无奈。

高祖诸子：

韩王元嘉灭门

鲁王灵夔三孙存

霍王元轨灭门

舒王元名灭门

故虢王凤之子东莞郡公李融幸存一子

故道王元庆之子广汉郡公李谥灭门

故密王元晓之子南安王颖幸存一子

故滕王元婴有子六人，皆灭门

故郑王元懿幸存二子

太宗诸子：

越王贞灭门

纪王慎皆灭门

故蒋王恽之子汝南郡王李玮幸存一子

故蜀王愔之子广都郡王李畴灭门，承嗣的蜀王李璠灭门

故曹王明之子零陵郡王李俊灭门，黎国公李杰幸存一子

高宗诸子：

上金灭门

素节灭门

贤灭门

显、旦幽禁

一将功成万骨枯，而一个帝王的诞生，死的岂止是千万人。李唐宗枝，终于在这只猛燕的叮啄下枝叶尽殆。而武则天，终于打开了这通向帝位的最后一个关隘，明堂顶端的凤凰终于可以展翅翱翔，她尽情地睥睨着这个曾经带给她痛苦，也带给她荣耀的李唐王朝，她在这个王朝的笼罩之下匍匐生存了六十多年，她千娇百媚过，苟延残喘过，万千宠爱过，也血肉模糊过。而现在，她终于能以不容质疑的姿态和不可撼动的地位，缔造出让这个让世界为之震撼，只属于她自己的大周帝国。

礼义为何失去？

盛唐时期这种同室操戈，以及君臣之间残酷的血腥屠杀，其手段之残忍，波及面之广，持续时间之长，都是让人震惊的。人们不禁要问，统治中国数千年的礼义，为何在这样的屠杀面前如此苍白无力？

至少有以下原因。一是李唐统治者具有突厥血统，与相对传统的王朝来说，他们身上所受的束缚不多，其自由、开放的程度，为别的时代所不及，这使他们容易冲破传统礼义的规范。比如，李唐统治者中就出现很多违背人伦的事件：太宗李世民娶自己亲弟的老婆为妾，而且生下了孩子，高宗李治娶父亲的才人武则天为皇后，这些事情妇孺皆知。这些正统非常忌讳的违背礼义的不伦之事，在当时如突厥这样的少数民族中却比较常见。

二是盛唐儒释道三教并重，稀释了"罢黜百家，独遵儒术"的礼义政治。李唐以李耳为先祖，尊崇道教。道教主张出世，崇尚自然无为、与民休息，这与主张礼义的儒教很不同。武则天掌握实权后，造石窟，禁杀生，又大力推行佛教。但她并没有因为自己信奉佛教而打击道教，而是三教都极为重视。以道教举例来说，武则天在圣历元年(689)颁布《禁僧道殴谤制》："佛道二教，同归于善，无为究竟，皆是一宗。"又颁《僧道并重敕》："道能方便设教，佛本因道而生。老释既自元同，道佛亦合齐重。"特别是在她统治的后期，她命道士为五岳四渎"功德"，造天尊像等。这种儒、释、道三教并重的理念，比之"罢黜百家，独遵儒术"，礼义当然会受到相当程度的冲击。

三是宫廷斗争、朝野之争，千百年来一直存在，太宗、高宗、武则天深陷其中，这是他们难以超越的宿命。在你死我活的生死较量之中，礼义又如何顾及呢？从他们所制造的血腥事件来看，除了武则天采取的主动攻势外，太宗的玄武门之变，高宗对长孙无忌集团的清洗，都杀伐果断，无比残酷。太宗经历过多年残酷的统一战争，对杀戮有着切身体会。武则天看到长孙无忌利用房遗爱案上纲上线，扩大打击对手的全过程，她在掌握实权后，又把它运用得炉火纯青，登峰造极，制造了很多的血腥事件和冤案。

四是失礼之人的个体因素。唐太宗的政权是通过玄武门之变，以兄弟相煎的暴力形式夺来的，这本身就是一种最为严重的失礼行为，造成了以后的政权不稳。高宗又生性懦弱，且有家族遗传病，他将国家大权付与本当谨守后宫的皇后，同样越过了礼义底线。就武则天来说，她对权力有着极其强烈的欲望，以女人之身登临帝位，更是违背儒家礼义的行为。

实际上，武则天在一轮轮的血腥屠杀之后，也发现杀戮这种最残忍的方式并不能真正解决问题，屠杀了这一些人，又有一批冒了出来，反对者依然层出不穷。你看她不是杀了韩瑗、褚遂良、长孙无忌诸多大臣吗？她不是连李氏宗室、甚至自己的亲生儿子、女儿也杀了吗？但仍有李敬业、张柬之等人冒出来，后者还是她的掘墓人。杀戮仅能从肉体上清除敌对势力，但她并不能把所有反对自己的人都杀掉。所以，武则天开始着手改制礼乐，为执掌政权寻找法理依据，试图通过礼乐建设来减轻心理压力和舆论压力。毕竟，真正能够降服对手、统治人民的治世宝典，还是人心向背。

则天皇帝

千古女皇第一人

天受元年（690）九月九日，六十六岁的武则天终于革了李唐王朝的命，登基做了皇帝。她改国号为"周"，改年号为"天授"。

天授，天命神授。女人称帝，在中国历史上前无古人、后无来者，其艰难险阻可想而知。为了顺利继承国祚、实现帝王大业，武则天和她的拥趸们前前后后用了数年营造声势，使其获得天命神授的称帝资格。

武则天虽然早有做皇帝的野心，但真正的行动当始于684年。这一年，太后武则天下制改元"光宅"，旗帜改从金色，改东都洛阳为"神都"，宫名、官名、文字等皆有更改，"革命"更化之意已是昭然若揭。她诛杀李唐宗室子弟，利用告密和酷吏制度肃清朝中敌对势力。这一切行动为其称帝扫清了现实障碍，却还远远没有达到"顺应天意"的最高境界，而天意是古代历朝顺利开国的必要条件。有了天命神授，武则天称帝才能名正言顺。

垂拱二年（686），新丰县东南有废山踊出，太后以为是祥瑞之兆，四方群臣投其所好，纷纷上表恭贺。泾州刺史崔融在所上贺表中媚颂称，出现此祥瑞是太后应天顺人、阴阳以和所致。太后很高兴，改新丰县为庆山县。谁曾想，在一片称贺声中，一个名叫俞文俊的平民公然唱起了反调。他上疏道，"地气不和而堆阜出"，废山踊出是上天对太后"以女处阳位，反易刚柔"的不满和责难，并请她"侧身修德，以答天谴，不然祸灾至矣"。太后大怒，判了他流刑。武则天本来想借助这次特殊的自然地理现象达到推广天意的目的，因为俞文俊的不和谐奏疏只得作罢。她在等待更好的时机出现。

垂拱四年四月，雍州永安县人唐同泰在洛水拾得一块瑞石，石上篆书"圣母临人，永昌帝业"八字。他将瑞石献与太后武则天，百官皆上表贺颂，"圣德奉天，递为先后；神道助教，相因发明。陛下对越昭升，钦若抚揖。允塞人祇之望，实当天地之心。所以幽明赞嘉兆，傍通景贶"，并强烈要求太后行拜洛大典，以"副神宗之乃眷，答上元之蕃祉"。面对百官的歌功颂德、阿谀奉承，太后喜不自胜，将这块石头命名"宝图"。趁此天降祥瑞之机，她自加尊号"圣母神皇"，制神皇三玺，又于七月改称"宝图"为"天授圣图"，改瑞石显现之地洛水为"永昌洛水"，封洛水神"显圣侯"，赐名出石之泉为"圣图泉"，并在当地特置"永昌县"，封嵩山神为神岳天中王，改汜水为"广武"。十二月，神皇武则天如期举行了所谓上顺天命、下应民心的拜洛典礼。

然而，这场天降祥瑞的"宝图"事件，实际上不过是武氏利益集团自导自演的一出好戏，幕后导演正是武则天的侄子——武承嗣。所谓"宝图"，只不过是一块普通的石头，上面的字更是人为凿刻，再拿紫石药物涂抹而成。从这件事来说，武承嗣不愧是制造舆论的高手。

在舆论铺垫上，除了武承嗣，薛怀义也功不可没。《大云经》里，佛有预言：佛出世时，净光天女会舍弃天形，以女身国王之像度化众生；佛灭七百年后，南天竺无明国的等乘王会生下一个女儿，名叫增长，父亲死后她将继承王位，以佛法治国，圆寂后往生无量寿佛国，并授记为净实增长佛。菩萨化女主、女主往生佛，这部经文无疑给武则天女性称帝提供了宗教依据。薛怀义和东魏国寺僧法明等人借注疏《大云经》之机穿凿附会，称武则天是弥勒佛转世，要取唐而代之，作阎浮提主。佛经的支持，使她以女性君临天下更加具备了合理性和合法性。

武则天称帝后下制将佛教置于道教之上，不仅是因为她自小信奉佛教，更是由于《大云经》"爰开革命之阶，方启维新之命"，帮助她成就了帝王大业。直到长寿二年（693），薛怀义监译的《宝雨经》里仍有类似的文字："尔时东方有一天子，名曰日光，……故现女身，为自在主，终于多岁，正法治化，养育众生，犹如赤子。"而此时的武则天已经称帝三年了。

意识形态上的宣传造势至此便顺利完成，称帝的时机已然成熟。

在登基前几天，为了表示称帝之举不仅是天命神授而且也是合顺民心的，武则天又演了一出欲迎还拒的自欺闹剧。

九月三日，区区从七品上阶的侍御史傅游艺率领关中百姓九百余人进宫上表，请求将国号改为"周"，赐皇帝姓"武"氏。傅游艺上书所言如此大逆不道，虽然没能获得批准，但他并没有因此遭到责罚，反而被神皇武则天超擢为正五品上阶的给事中。于是，百官及帝室、外戚、百姓、四夷酋长、沙门、道士共六万余人，纷纷上表附和傅游艺所请。就连睿宗皇帝也自请赐姓武氏，这表示他自愿将大唐社稷拱手让给母亲。

九月五日，群臣又上言，见有"凤集上阳宫"和"赤雀见朝堂"等种种祥瑞之象。

九月七日，神皇武则天才半推半就地接受皇帝和群臣的"革命"之请。九日，她便登上宫城正南的则天门城楼宣告大周王朝建立，并大赦天下，特赐臣民聚会欢饮七天，以示普天同庆。十二日，为自己加尊号"圣神皇帝"，把皇帝李旦降为皇嗣、皇太子降为皇孙。十三日，在神都立武氏七庙，追尊她的父亲为孝明皇帝，封侄儿武承嗣为魏王、武三思为梁王、堂侄懿宗等十二人为郡王。翌年三月，又将唐太庙改为享德庙。

为何要用酷吏？

当然，武则天想登基做皇帝，仅靠装神弄鬼是远远不够的。铲除敌对势力，稳固自己的权力地位是她完成帝业的必要手段。中国封建王朝历朝历代都是在仁政和法政的相互平衡之下向前行进的。秦有商鞅、李斯用苛法权术驾驭天下，两汉有郅都、张汤、董宣、阳球之徒，施行极其严苛之法，肆意威猛，被称为酷吏。李唐初立，民生凋敝，统治者以无为而治。待武则天临朝称制，朝廷内外反声四起，酷吏便再次登上历史舞台。武则天时期酷吏人数之多、刑狱之众、刑罚之残忍，可谓前所未有，因此，尤其被人深恶痛绝。据史料记载，武则天所豢养的鹰犬和打手，如来俊臣、周兴、丘神勣、索元礼、傅游艺、侯思止、周利贞、崔献可等知其姓名者多达四十一人。他们组成庞大的酷吏队伍，在朝廷上下织就了一张强大的威慑之网。

文明元年（684）二月七日，李旦被太后立为新嗣帝。当天，曾参与废帝的飞骑十几人聚会饮酒，其中一人酒后抱怨："早知别无勋赏，不如仍奉庐陵王。"此人很快被告发。酒席还没散，皇宫里的羽林禁军就把他们团团围住并将其逮捕下狱。最终，抱怨的人被斩首，其余的则因"知反不告"被处绞刑。从此，告密之风逐渐兴起。飞骑告发案掀开了武则天酷吏政治的沉沉大幕。

武则天为什么会选择在这个时机推行酷吏政治呢？前章已讲过，高宗驾崩后，中宗继位，太后武则天临朝听政，大权在握，这引起诸多宗室成员和朝臣的不满和抗议。扬州兵变、裴炎和程务挺等被斩事件发生以后，武则天心中有不平之气，认为以她对国家的付出和贡献不应该得到臣民的这种对待，这让她异常恼火。她召来群臣，当面质问他们："朕无负于天下，你们可都知道？！""朕侍奉先帝二十多年，为天下忧虑至甚！公卿富贵，都是我给的；天下安乐，是我长期养育的。先帝撒手人寰时，把天下托付于我，我不爱惜己身而爱护百姓。现在反贼之首却都出于将相群臣,你们辜负我太深了!"责骂之后紧接着是威胁和警告:"卿辈有像裴炎一样的先帝遗老,甚至比他更倔强难对付的吗?有徐敬业一样的将门贵种,而比他更能纠合亡命之徒的吗?有握兵宿将且比程务挺还能攻占必胜的吗?这三人,是人中有名望的,不利于我,我就能杀了他们!你们有胜于此三人的,要反就反;不然,你们就必须革心事朕,不要让天下人耻笑!"群臣顿首,唯唯诺诺:"唯太后所使!"

武则天知道:自己要想坐稳江山,仅仅是口头威胁和警告是无法保证大臣不再造反的。最保险的便是"以刑法理天下",鼓励告密,委政御史,营造一种高压的政治环境和氛围。

飞骑告发案发生后的第二年,也就是垂拱元年(685)二月,武则天下制调整登闻制度:"朝堂所置登闻鼓及肺石,不须防守,其有槌鼓、立石者,令御史受状以闻。"所谓登闻鼓和肺石,是唐代初年为臣民向朝廷进言和申诉冤情而设立,登闻鼓在西朝堂,肺石在东朝堂,所奏可以直达皇帝的案头。武则天的这次调整,重在"不须防守"。没有人看管,任何人任何时候都可以槌鼓立石。三月,她又采纳鱼保家的建议,创立匦检制度。铜匦内分四格,分别接受"告朕以养人及劝农之事"、"能正谏论时政之得失"、"欲自陈屈抑"、"能告朕以谋智"的投书。调整后的登闻制度和新创立的匦检制度,为告密之人打开了方便之门。不仅如此,武则天还对告密的人施以特殊的关照和恩赏。对告密者,当地官员不允许过问,必须为他们提供驿马、五品官级别的伙食和政府招待所。到了皇宫,无论何种身份皆能被太后召见。太后高兴了还能赏个官职,即使所言有假也不予治罪。

武则天高压政策的具体实施者，是一群酷吏以及他们畜养的走狗和打手。这些酷吏是如何攀附武则天，又是如何以刑法揽获权力的呢？先来看看史上著名酷吏来俊臣的人生轨迹。

来俊臣，雍州万年（今陕西西安）人。他的父亲来操是个赌徒，在赌场结识了同乡蔡本，后来竟然与蔡本的妻子私通。因玩樗蒲赢了蔡本数十万钱，蔡本没钱付给他，无奈之下只好将妻子送给来操。蔡妻嫁入来家时已有身孕，十月怀胎后生下来俊臣。

来俊臣游手好闲、性情凶残，无人可比。他曾经在和州因犯奸盗之罪被审讯，因而胡乱告密，想以此逃脱罪责。刺史东平王续召见他，知其所奏并不属实，便罚他杖责一百。后来，天授年间王续被杀，来俊臣再次告密被召见，他奏言：之前他向王续所奏的是豫州、博州宗室谋反之事，枉受杖责，所以当时才不得申告。武则天认为他很忠诚，多次迁升他的官职，让他做了侍御史、加朝散大夫。

来俊臣断案，稍有不合他心意的犯人，必然会被他任意牵连而获罪，前后遭连坐的家族数量高达一千多家。第二年，来俊臣再被擢升，拜为左台御史中丞。他与侍御史侯思止、王弘义、郭霸、李仁敬，司刑评事康暐、卫遂忠等同恶相济、狼狈为奸，招集无赖数百人，让他们告密，共同编织罪状，千里响应。他们想要诬陷一个人，便派无赖们分别到不同的地方告密，所告之状毫无差异，通过这种方法来迷惑上下。告密的人还都声称："请交付给来俊臣，必能获得实情。"于是，武则天在丽景门另外设置推事院，专门让来俊臣等人审讯案情，推事院也被称为"新开门"。只要进了新开门，一百个人里面没有一个能活着走出来。酷吏王弘义将丽景门戏称为"例竟门"。意思是说，进入此门的人，按惯例都将一命呜呼。

来俊臣与同党朱南山等人写成《告密罗织经》一卷，毫无廉耻地公开炫耀告密的条例细节和罗织罪状的千头万绪。来俊臣审讯囚犯，不问轻重，大多是把醋灌进犯人的鼻子，禁锢在地牢中；或者将犯人放在瓮中，用火烧烤，并断绝他的粮饷，以至于有些犯人被迫抽取衣絮充饥；又或在牢中堆放粪便，让人受尽苦毒。犯人如果不死，绝不可能被放出去。每当朝廷颁布赦令，来俊臣必定先派狱卒把重要囚犯杀光，然后才宣示赦令。他还让索元礼等人制作大枷，共有十种：一曰定百脉，二曰喘不得，三曰突地吼，四曰著即承，五曰失魂胆，六曰实同反，七曰反是实，八曰死猪愁，九曰求即死，十曰求破家。又有铁笼头连着刑枷的，在地上向车轮一样转动，犯人不一会儿就晕倒了。囚犯无论贵贱，来俊臣们必先将枷棒摆在地上，召囚犯前来说："这就是我们的工具。"犯人见了魂飞魄散，没有不被迫承认有罪的。武则天重赏来俊臣，使得这群酷吏相互比拼，刑法残酷无不用其极。

在这种鼓励措施下，一时告密成风，道路以目，人人自危，以至于有官员上朝前与家人诀别："不知此生还能相见否！"

来俊臣不仅凶狠残暴，而且贪婪好色。他因为屡屡贪赃，被御史纪履忠告发而下狱。长寿二年，被任命为殿中丞。随后，又因贪赃之罪，出任同州参军。任中，他看上了同列参军的妻子，便强行夺取，还侮辱了那人的母亲。万岁通天元年，来俊臣被召任合宫尉，擢升为洛阳令、司农少卿。武则天赐给他奴婢十人，应当去司农寺领取。当时,西蕃酋长阿史那斛瑟罗家中有个年幼的婢女善于歌舞,来俊臣色心又起,企图将这个婢女占为己有,便指使他的同党告密说斛瑟罗要谋反。得知此事后,数十位蕃长赶到京城割耳划面为他诉冤,这才让斛瑟罗得以逃脱灭族之罪。其时綦连耀、刘思礼等人有谋反之意,明堂尉吉顼知道后惶恐不安,便将此事告诉了来俊臣,致使遭牵连灭族的有数十家之巨。来俊臣为了独揽功劳,又罗织吉顼的罪名进行揭发。因为告密获得了武则天的欢心,他强夺婢女、陷害斛瑟罗酿成的祸事才得以平息。

然而,坏事做绝、惨无人道的来俊臣最终逃脱不了恶有恶报的下场。来俊臣不仅陷害忠良,甚至乖张到连自己的同党也加以诬陷,一副唯我独尊的架势,矛盾四伏。这些酷吏皆为利来,因利而结交,因此并无真情可言。酷吏自相残杀最著名的事件要属"请君入瓮"了。天授二年,有人告密说文昌右丞周兴与丘神勣串通企图谋反,武则天命令来俊臣调查此事。来俊臣便邀周兴到家中饮酒做客,席间他问周兴:"很多囚犯不认罪,你有什么办法解决吗?"周兴以为来俊臣是真心向他请教,便自信傲娇地答道:"这太简单了!取一口大瓮,用炭火围在四周烤炙,再把囚犯放入瓮中,何事不承?"听到此话,来俊臣便吩咐下人搬来一口大瓮,照周兴提供的方法,在瓮边堆烤炭火,然后对周兴说:"有内状告发周兄谋反,皇上命我来审问你,请兄入瓮!"周兴这才明白过来,惶恐之至,连忙叩头认罪。

太原王庆诜的女儿青春貌美,与段简已有婚约。来俊臣看中她后,便假以诏命将她娶进来府成了他的妻子。河东卫遂忠与来俊臣是故交,虽然行为不端,但他好学且有口辩之才。有一次,他带着酒去

中岳庙

拜谒来俊臣,来俊臣恰巧正在家中设宴招待妻子的族人,不想见他,来府应门的人对他说:"来大人不在家。"卫遂忠知道这是假话,他强行进入来家宅院,当着来妻和她族人的面,对来俊臣大肆谩骂侮辱。来俊臣觉得卫遂忠在大庭广众之下让自己丢尽了脸面,非常愤怒,命人将他绑起来并暴打一顿,然后才把他放了。来妻羞愧难当,自缢而亡。卫、来二人之间因此有了嫌隙。

随着势力的膨胀,来俊臣有了造反的念头,他把自己比作后赵开国皇帝石勒,而卫遂忠对他的心思了如指掌。来俊臣经常在武则天面前罗织皇嗣李旦、庐陵王、武氏诸王、太平公主、张易之等人的罪状,都被武则天压制下来。武氏诸王及太平公主、张氏兄弟等人心生恐惧,害怕有一天会死在来俊臣的手里,于是他们联合其他如卫遂忠等反对来俊臣的人一起,共同揭发他的罪行。武则天犹豫多日后,终于下诏将四十七岁的来俊臣押往西市斩杀。国人无论老少对他恨之入

武则天除罪金简

骨,争相前往西市剐他的肉,不一会儿他的尸体就只剩下了骨头,就连他的那副骨架也被马蹄踩躏成泥。人们长出一口气:"晚上终于可以踏踏实实地睡觉了。"

至此,武则天时期长达十四年的酷吏政治宣告结束。酷吏政治让武则天的称帝之路充满了血腥。因为这些鹰爪的罗织告密和残忍刑狱,李氏宗族凋零,忠臣良将折损,朝廷内外一片黑暗,怨声载道。对此,武则天怎么可能无动于衷。但是,作为拥有至高无上权力的她是不可能主动低头认错的。

圣历元年的一天,武则天问宰相姚崇:"自从来俊臣、周兴之流死后,我再也听不到谋逆之事,难道以前杀的人杀错了吗?"姚崇答道:"自垂拱以来,十几年间被告密处死的全部是诬告。告密的人能获得奖赏,致使天下被罗织陷害的程度比东汉时期的党锢还要厉害。陛下您让近臣去调查,近臣为了自保怎么敢说实话?被诬告下狱的人,担心翻供

武则天书升仙太子碑局部

后反遭毒手，也不得不认罪。如今，仰赖上天之灵和陛下圣德，凶残的逆贼被诛除，天下终于太平了。臣以自己和全族人的性命担保，以后不会再有谋逆之人。陛下要是收到告密的奏表，请您千万不要追究。如果日后告密的事被证实，那就请您治我知而不告之罪吧。"姚崇的这番话无疑给武则天任用酷吏制造冤狱找了一个下台的台阶，所有的罪过都推给了酷吏。武则天很高兴："以前宰相都顺着酷吏们说话处事，害我成了'淫刑之主'。你的话才是符合我心意的。"

圣历二年二月，武则天登嵩山，拜谒升仙太子庙，立升仙太子碑，她亲自撰写碑文"日月至明，不能免盈亏之数"。次年正月，武则天祭祀中岳后，派使臣胡超投放金简，上刻"大周国主武曌，好乐真道，长生神仙，谨诣中岳嵩高山门，投金简一通，乞三官九府除武曌罪名。……"据说，道家的天官、地官、水官和九府神仙能够为人赦罪解困，在嵩山投放的金简恰恰说明了武则天内心的不安和惶恐。

真假狄仁杰

顺我者昌，逆我者亡。一方面，为了争夺权力、排除异己，武则天杀害过不少忠臣良将。另一方面，她又十分重视贤能，做到了不拘一格降人才，不愧为一代明君。在她慧眼拔擢的名臣中，妇孺皆知的莫过于狄仁杰。

狄仁杰，字怀英，并州太原人。少有异才，为人正直。他担任并州法曹参军时，同府参军郑崇质的母亲年老有病。一次，郑崇质被派出使偏远之地，狄仁杰对他说："君可贻亲万里忧乎？"接着便去拜见长史兰仁基，请求由他代行。当时，长史兰仁基与司马李孝廉不和，面对狄仁杰舍己为人的高风亮节，兰、李二人羞愧不已、和睦如初。他们称赞狄仁杰的贤仁，"北斗以南，一人而已"。

狄仁杰是中国历史上出了名的断案能手。在他担任大理丞期间，狱中关押陈年旧案一万七千人，他仅仅用了不到一年的时间就全部审理完毕，而且判决让人心服口服，无一人称冤上诉。

史书记载了两则狄仁杰和唐高宗之间的对话，从中我们可以进一步了解他明辨是非、正义直谏的品质。左威卫大将军权善才、右监门中郎将范怀义因误砍昭陵的柏树而获罪，高宗非常生气，下诏要把他们杀了，狄仁杰上奏疏认为二人罪不当死。高宗怒言："他们让我成了不孝子，必须得杀。"狄仁杰说："汉朝的时候有人盗取高庙玉环，汉文帝要灭盗贼全族，张释之当廷劝谏道：'如果取长陵一抔土，刑法又该如何处置？'于是，汉文帝改判盗贼弃市罪，只处死他本人,不再株连九族。陛下,您的刑法是在象阙上正式公布的法令制度,本来就应该有等级差别。罪犯不至死而处死,是何道理呢?如今误砍了一棵柏树就要杀掉两个臣子,后世会怎么看待陛下您呢?"高宗深觉有理,便免了二人死罪。过了几天,狄仁杰被任命为侍御史。

左司郎中王本立自恃有皇帝恩宠肆意妄为,狄仁杰上奏弹劾他,高宗却下诏不予追究。狄仁杰义正词严地说:"朝廷虽然缺少贤能之士,但是像王本立之辈遍地都是。陛下怎么能为了他而无视王法?您要是非得宽恕他,那就把我流放到无人之境,好让忠贞的臣子引以为戒。"于是,王本立被依法处置。朝廷肃然。此时,以天后摄政的武则天对狄仁杰的为人事迹当然也是十分清楚的。

狄仁杰在地方任职时政治清明、颇有建树,因而深得人心,宁州郡人甚至勒碑立祠颂其功德,并得到了朝廷的恩准。武则天以皇太后身份监国,皇权实际上已掌握在她的手上,这引起了李唐宗室子弟的不满与恐慌。垂拱四年(688)秋,越王李贞在汝南起兵谋反,被朝廷镇压,缘坐者六七百人,籍没者五千口,朝廷委派的司刑使逼促时任豫州刺史的狄仁杰立即行刑。狄仁杰哀痛此案中被连坐的无辜之人,便暂缓处决,秘密向太后武则天表奏:"臣本来想正大光明地上奏,但这样似乎是为谋逆之人申理;如果我知而不言,又恐怕违背陛下存恤之旨。奏表写成后被我撕毁,上奏之意摇摆不定。这些人并非本心,伏望太后能够宽恕他们。"太后看了狄仁杰的密表之后,特赦饶恕他们的性命,将其发配流放到丰州去。豫囚经过宁州,父老乡亲迎接并告诉他们:"是我们狄仁杰大人救了你们的性命啊!"他们便相携至宁州百姓为狄仁杰所立的碑下痛哭感激,斋戒三日后才上路。到了丰州，他们也立碑称颂狄君之德。

越王之乱由宰相张光辅率师讨伐，将士自恃军功在豫州横行暴敛，遭到狄仁杰的严厉抵制。这惹得张光辅很不高兴，他怒道："作为州将，你这是轻慢元帅吗？"狄仁杰答道："乱河南者，只是一个越王李贞罢了。如今一贞死而万贞生。明公统兵三万平定乱臣，却不知道收敛兵锋，纵容将士横行霸道，使无罪的人肝脑涂地，这不是万贞是什么？乱臣是靠威逼胁迫才让人跟着他谋反的，势力本来就不稳固，等到天兵一来，投降归顺者数以万计。你怎么能纵容邀功之人，而杀害归降之众呢？只恐怕冤声沸腾，上彻云天啊！如果得到尚方斩马剑加于君的脖颈，我也视死如归。"张光辅无言以对，因此怀恨在心，回到都城便上奏说狄仁杰不恭顺。于是，太后下诏把他降为复州刺史，召入朝中任洛州司马。

天授二年（691）九月，则天皇帝擢升狄仁杰为地官侍郎、判尚书、同凤阁鸾台平章事。武则天问他："狄卿在汝南时，政绩非常出色，你想知道诬陷你的人吗？"狄仁杰辞谢道："陛下如果认为我有错，臣就应当改正；陛下如果明晓我并无过错，那是臣的幸运啊。臣不知道诬陷我的人是谁，就还能继续和他们为友。所以，臣请求不知。"武则天深为叹服。

不久，狄仁杰被来俊臣诬陷入狱。当时，一审问便认罪者按例可得减缓死刑。来俊臣逼迫狄仁杰，让他承认谋反。狄仁杰说："大周革命，万物唯新，唐朝旧臣，甘从诛戮。谋反是实！"来俊臣这才稍微放松了对他的审问。判官王德寿对狄仁杰说："尚书大人必能减免死罪。我想把杨执柔也牵连进你的案子，可以吗？"狄仁杰问："怎么牵连他？"王德寿说："尚书为春官时，杨执柔任司员外，这样便可以牵连为党了。"狄仁杰愤然："皇天在上，后土在下，我狄仁杰怎么会干这种事！"他头撞柱子血流满面，王德寿因害怕而作罢。认罪以后，狱吏只待择日行刑，看管上不再像之前那么严备。狄仁杰向看守求得笔砚，拆下被头，在上面写下自己的冤情，然后将其藏在棉衣中。他对王德寿说："天气炎热，劳烦你把棉衣交给我的家人，让他们把里面的丝棉去掉。"王德寿没有察觉异样。狄仁杰的儿子狄光远在棉衣中找到了这封书信，带着它上奏朝廷。武则天召见他，看了书信后质问来俊臣。来俊臣谎称："狄仁杰衣冠整洁，吃住方面我们也没有亏待他，要不是有罪，他有什么理由承认？"武则天派人去狱中察看，来俊臣立即让狄仁杰穿戴如常地与使者见面，还令王德寿代狄仁杰作了一篇谢死表，由使者进呈给皇帝。武则天召见狄仁杰，问他："为什么要承认谋反？"狄仁杰回答："我如果不承认，恐怕早就死在皮鞭之下了。""既然如此，又为何作谢死表？""臣没有作过。"皇帝把谢死表拿给他看，才知是人代写的。狄仁杰因此得免死罪，被贬为彭泽令。武承嗣屡屡上奏请求诛杀狄仁杰，武则天说："朕爱好生憎恶杀，志在恤刑。号令已出，不可更改。"

万岁通天元年（696），契丹攻陷冀州，河北震动，武则天擢升狄仁杰为魏州刺史。前任刺史害怕贼兵前来攻城，把百姓都驱赶到城内，让他们修缮守城器械。狄仁杰上任后将百姓全部放归田地。他说："贼兵还在很远的地方，何必惧怕如此？万一贼虏来了，我自有办法应对，不会劳烦百姓的。"贼虏听说后很快就退兵了，当地百姓对狄仁杰十分敬仰，为他立祠祭祀。不久，狄仁杰转任幽州都督，武则天赐他紫袍、龟带，并亲自在袍子上制十二金字，以嘉奖他的忠心。次年，狄仁杰就被征召为鸾台侍郎、复同凤阁鸾台平章事。武则天又把他拉回了权力的核心。

武则天可谓知人善任，她知道狄仁杰有雄才伟略、对朝廷忠心耿耿，虽有小惩大戒，但在关键时刻始终都能对狄仁杰委以重任，狄仁杰也因此为李唐和大周王朝做出了历史性的功绩。

武则天称帝后，在帝业传承的问题上一直犹豫不决。作为武氏子孙，她有意将帝位传给武家子弟，在当时最有可能继承皇位的是她的侄子，武承嗣、武三思之辈在巩固和争夺武氏帝业的道路上一直不遗余力。而另一方面，作为高宗皇帝的妻子，武则天仍然顾念夫妻恩情，传位给他们的儿子也是她考虑的方向之一。真正让她下定决心，把皇权交还给李氏的，正是狄仁杰。

这里不得不提到一个人，他就是武则天的男宠张易之。张易之得宠后，见武皇日渐衰老，担心失去武则天这个靠山后，他和张昌宗兄弟二人会被武承嗣之流和李唐宗室子弟双重打击，便想提前为自己铺好退路。他向狄仁杰请教，狄仁杰说："只有劝服皇帝迎庐陵王李显回京，才可以免祸。"张易之听从了狄仁杰的建议，时不时给武则天吹一吹枕边风。

此时，武则天正打算立武三思为太子，她以此事问宰相，却没有人敢发表意见。狄仁杰说："臣观察天人并没有厌倦李唐大德。等到匈奴侵犯我边境，陛下派梁王武三思到民间招募勇士，一个多月还不足千人；若让庐陵王去招募，不出一日就能募得五万。如今要继承大统，非庐陵王不可。"武则天听罢非常恼怒，不再议论此事。

过了一段时间，武则天把狄仁杰召入宫中，对他说："朕好几回都梦见自己玩双陆不胜，这是为什么呢？"狄仁杰答道："双陆不胜，是因为无子。这是上天在警示陛下啊！况且，太子是天下之根本，根本一摇，天下则危矣。想当年，太宗皇帝骁勇亲征，勤劳而有天下，传给子孙。先帝卧病时，下诏让陛下监国。陛下改李唐为大周，已十有余年，如今又打算让武三思继承帝位。姑侄与母子，哪个亲？陛下您如果立庐陵王为太子，则千秋万岁后可以常享宗庙；要是立武三思为太子，宗庙可从来没有祭祀姑姑的。"狄仁杰一席话终于让武则天醒悟，她即日便派遣徐彦伯去房州迎回庐陵王。等庐陵王到了以后，武则天让他躲在帐中，召见狄仁杰商谈庐陵王之事。狄仁杰再度情辞恳切，泪流不止。武则天这才让庐陵王现身："还你太子！"狄仁杰喜极，对武则天行叩拜大礼，并说："太子回来，却没人知道，谣言四起，怎么能让人信服呢？"武则天便让太子住在龙门，按照朝廷礼仪正式迎他还都。国内外都听说了这个消息，普天同喜。实际上，此前朝中也有其他官员如吉顼、李昭德等人上奏请还太子，但都没有打动武皇。狄仁杰从人之常情、母子天性出发，晓之以情，动之以理，最终让武则天恢复了李唐江山。

除此之外，在其他很多重大决策上，武则天都善于倾听贤臣的意见。崇尚佛教的武则天晚年时打算建造一座浮屠大像，预计花费数百万，仅靠朝廷的力量无法完成，便诏告天下的僧人日施一钱帮助修建。狄仁杰谏言："工程不可能驱使鬼来劳作，必然会使人受苦役；材料不会从天而降，终将从土地里长出。不损害百姓的利益，这么大的工程怎么能建成？当下边陲还不安宁，应该放宽徭役，减省不急要的事务。就算是雇佣穷人为劳力，看似给他们提供了经济来源，但让他们耽误农业生产，其实是放弃根本啊。况且没有官府资助，工程是不可能进行下去的。建造浮屠大像既费官财又竭人力，如果一方有难，将拿什么解救呢？"武则天随即停止这项工程。

武则天对人才的重视，不仅体现在知人善任上，还表现在她所实施的选拔制度，荐举制为朝廷推举出众多有志之士。狄仁杰当年便是由阎立本推荐入朝的，而他本人也常以举贤著称。张柬之、桓彦范、敬晖、窦怀贞、姚崇等名臣均是由狄仁杰引荐，其中官至公卿者达数十人。正是他荐举的这些人，后来成为中兴李唐的政治核心力量。由此可见，狄仁杰对李唐王朝的赤诚忠心。

武则天曾经问狄仁杰："朕要一好汉使用，有吗？"狄仁杰说："陛下要作什么使用？"武则天："朕打算待他以将相之位。"狄仁杰："臣料想陛下若是求文章资历，那么当今宰臣李峤、苏味道足以担任文吏了。莫非是嫌文士气量狭小，想得到一位奇才，以成就天下大事吗？"武则天很高兴："正是朕心里所想的。"狄仁杰："荆州长史张柬之，虽然年纪大，但真有宰相之才。而且他很久以来都怀才不遇，如果得到陛下的任用，他必定为国家竭尽全力。"于是，武则天召张柬之入朝，拜为洛州司马。过了些时日，武则天又向狄仁杰求贤。狄仁杰说："臣上次推荐的张柬之，陛下还没任用呢。"武则天："我已经给他升官了。"狄仁杰："臣是推荐他作宰相，现在他只作了洛州司马，这不是任用。"张柬之因此又被拔擢为秋官侍郎，后来终于成为宰相，并在"神龙政变"中发挥了重要作用。

狄仁杰虽心向李唐，但始终对武则天尽忠竭力，且才智过人有经世之能，而武则天治理天下绝对不能缺少这样的人才。为武则天带来举贤任能的好名声的还有一个人——上官仪之孙女——上官婉儿。

前文提到，麟德元年（664），上官仪因为参与废后事件得罪了皇后武则天，以"离间二圣、无人臣礼"之罪被杀，他的儿子上官庭芝也同时被害，儿媳郑氏抱着刚刚出生的上官婉儿入掖庭为奴。郑氏初怀孕时，曾梦见巨人送给她一柄大秤，并告诉她："拿它可称量天下士。"占卜的先生为她解梦："当生贵子，秉国权衡。"谁料，郑氏生下的是女儿。

虽长在掖庭，但出生名门、有较高文学修养的郑氏并没有放松对上官婉儿的培养。年纪不大的婉儿博通经史、精研文笔，粗鄙的环境和服饰也无法掩盖她出众的才情。这颗明珠终于在她十四岁时遇到了伯乐。仪凤二年（677），天后武则天召见上官婉儿，当场出题考量，她应对聪敏、通达有理、文采斐然，须臾所作的文章如同经过很长时间构思而成的一样，让人叹服。天后大喜，当即免去她的奴婢身份，留在身边帮她制作诏书，工作类同文字秘书。后来，上官婉儿忤旨当诛，武则天因怜惜她的才华而赦免了她的死罪，止于黥刑。对此史料有多种说法，一说是武则天与朝臣议政时，在一旁记录的婉儿抬头窥看被武氏发现，因而获罪；一说是婉儿与武则天的男宠张昌宗私通，惹怒了武则天。婉儿为了掩盖黥刑的疤痕，便以梅花纹饰，没想到这反而增添了她的妩媚气质，一时成为女子风尚。自圣历（698-700）以后，百官的表奏，武则天大多让她参与决断，权重一时。后将她赐给中宗，成为昭容，又被重用。

上官婉儿祖父和父亲的性命都断送在武则天的手上，像上官婉儿这样和她有着杀父之仇的人，武则天也无所忌讳，有才便能用之，树立了她不拘一格降人才的明君形象，为她笼络人才、统治国家起到了非常好的效果。

女皇的面首

临朝称制以来，武则天虽名为太后，但实际上已经掌握至高的统治权力。在朝堂上，她叱咤天下，惟其独尊。然而，每当她回到寝殿，年老寡居的孤独感便萦绕心头挥之不去。一转眼，她的丈夫——高宗李治已经驾崩两年，而她自己也六十一岁了。两年间，武氏废立皇嗣、平叛扬州，使得李唐宗室成员惶惶不可终日。高祖皇帝之女千金长公主为求自保，想方设法讨取武则天的欢心。她将身边的侍儿冯小宝献给太后："小宝有非常材用，可以近侍。"

这位名叫冯小宝的男子便是武则天的第一个男宠。冯小宝，京兆鄠县（今陕西户县）人，身材魁梧、阳刚勇猛。他最初在洛阳卖台货，得幸于千金长公主，后经长公主推荐被太后召见，从此获得特殊的恩遇。长公主又自请为太后之女，并改姓武氏。卑微谄媚的行为赢取了太后的信任，太后把她的封号更改为延安大长公主，以示厚爱。

为了方便情人出入宫禁与她会面，武则天想了个两全其美的主意。崇信佛教的她下制将冯小宝度化为僧，取名"怀义"，命他以寺主身份督修位于神都洛阳东郊的旧白马寺。考虑到小宝出身寒微，她又让他与太平公主的驸马薛绍合族，命令薛绍把他当作季父来对待，冯小宝自此改姓为薛氏。有了僧人身份的薛怀义便可以与洛阳大德法明等高僧一同出入皇家道场，以此掩护他与武则天的私情。然而，纸包不住火。时间久了，二人之间的事还是传扬了出去，激起朝臣的批评和反对。谏官王求礼上表说："太宗时有罗黑黑善弹琵琶，太宗阉为给使，使教宫人。陛下若以怀义有巧性，欲宫中驱使者，臣请阉之，庶不乱宫闱。"太后不予批示。宰相苏良嗣在朝堂上与薛怀义相遇，他见薛怀义傲慢无礼，便命左右掌掴其脸颊数十下。事后薛怀义气急败坏地跑去向太后投诉，太后则教导他说："阿师当于北门出入，南衙是宰相所往来，勿犯也！"

依仗着太后的宠幸，薛僧怀义作威作福、肆意妄为。他每次出入都乘坐御马，跟随的左右侍从多达十几个，路上的行人纷纷躲避，而不慎近前的人会被他的侍从打得头破血流然后弃之街头。道士碰见他，也会遭其殴打，不仅如此还要被剃掉头发。就连当时弘道观的著名道士三洞法师也不能幸免，曾被迫为僧数年直至怀义被杀。达官贵人们知道他和太后关系亲密，都来攀附他，即便是武承嗣、武三思等人也以僮仆之礼侍奉他，为他执辔，称他为"薛师"，而薛怀义对他们视若无睹，傲慢不逊可见一斑。薛怀义还聚集一帮无赖少年，度他们为僧，横行无道，却无人敢言。右台御史冯思勖多次弹劾他，这让薛怀义怀恨在心，一次二人在路上相遇，他竟然命侍从殴打冯思勖差点要了他的性命。

薛怀义性情暴戾，嚣张跋扈，但他对武则天称帝是有贡献的。垂拱年间，他奉命将建春门内的敬爱寺改建为著名的佛授记寺，中外法师大多在此译经，太后也常常到此改订著述和施供食馔，这让佛授记寺成为当时洛阳最负盛名的佛教寺院，为太后乃弥勒降生为阎浮提主的预言开始了准备。他还受太后委任，督工建造明堂。作为皇权的象征，明堂的建造对武则天来说至关重要，因此颇受重视。明堂在垂拱四年建成，薛怀义因督建有功被任命为正三品左威卫大将军，并获封梁国公。天授元年，他与法明等僧人注疏上呈《大云经》，为太后"革命"提供了佛教意识形态的支持，功莫大焉，升迁为正二品的辅国大将军、行右卫大将军，改封鄂国公、柱国。永昌元年，薛怀义以新平道行军大总管的身份征讨突厥，到达单于台刻石纪功后返朝。长寿三年，他出任朔方道行军大总管，以宰相李昭德、苏味道为幕僚，统领十八将军再次讨伐突厥。此时，薛怀义已经不仅仅是一个僧人了，他征伐有功，被委以重任，威势显赫，权倾朝野。

随着权势地位的日渐高涨，薛怀义开始厌恶入宫侍奉衰老的女皇。他大多时候居住在白马寺，手下集聚的力士僧众已多达千人。七十一岁的武则天也慢慢移情别恋新的男宠——御医沈南璆，对薛怀义不再像以往那么倚重了。天册万岁元年正月，侍御史周矩上奏女皇，称薛怀义及白马寺众僧有谋逆之嫌，请求调查此事。女皇说："广卿姑退，朕即令往。"周矩回到御史台，薛怀义跟随其后，就阶下马，袒胸露腹地卧倒在床。周矩召来手下准备审问他，他突然跃上马背绝尘而去，狂妄之极。周矩据实上奏，女皇说："此道人发疯，不可苦问，所度僧则任卿处分。"于是，周矩将薛怀义所度的僧众全部流放至远州，周矩本人则被升为天官员外郎，然而，最终他被薛怀义构陷，招致下狱免官的凄况境地。

薛怀义对此怀恨在心。证圣元年正月十六日，他放火烧了天堂和明堂，以此泄愤。女皇眼见着明堂化为灰烬，却一言不发。到这个时候，武则天仍然不愿意和自己的情人撕破脸皮。她下旨重建明堂，而且还让薛怀义督建工程。不料，薛怀义反而变本加厉，更加骄狂放纵，终于让武则天无法忍受，她甚至对这个强悍的情人感到害怕，秘密挑选了百余个身强体壮的宫人在身边保护她。这年二月四日，女皇命建昌王武攸宁率壮士追杀薛怀义，薛怀义被执刑于瑶光殿前，他的尸首被送回白马寺火化并造塔供奉，他手下的僧众则被流放到边地。到此，武则天和她的第一个男宠——薛怀义的恩怨情仇才宣告落幕。

两年后，女皇又有了新的男宠——张易之和张昌宗兄弟。

万岁通天二年，太平公主把张昌宗推荐给时年已七十三岁的母亲。不久，张昌宗又以"器用过臣，兼工合炼"的理由，向女皇举荐自己的兄长张易之。张氏兄弟，系属中山张氏一脉，乃汉丞相张仓之后，世居定州义丰县（今河北安国县）。他们的叔祖张行成因辅佐高宗李治即位迁为宰相，但张行成的后代仅做到中级官职。因此，张氏兄弟家族在当时并不显赫。兄弟俩年仅二十来岁，少年青春，姿容俊美。二人之中，又以张易之更胜一筹。张易之通音律，入宫侍奉女皇之前已经荫迁至尚乘奉御。不仅如此，张氏兄弟还"粗闲于道术"，这对于晚年醉心于灵丹妙药以求长生的女皇来说，自然是称心如意的。女皇对他们的恩宠与薛怀义相比有过之而无不及，召见之日即拜张昌宗为云麾将军、行左千牛中郎将，迁张易之为司卫少卿，赐与房产、奴婢、帛段、牛马和骆驼；数日后将张昌宗提升为银青光禄大夫，准他朔望朝参，如同京官一样；后来，女皇再次提拔张昌宗为从三品左散骑常侍，风头无两。

圣历二年正月，武则天特置控鹤监，以张易之为控鹤监，时任银青光禄大夫的张昌宗、左台中丞吉顼、殿中监田归道、夏官侍郎李迥秀、凤阁舍人薛稷、正谏大夫员半千等人皆被充为控鹤监内供奉，嬖宠之人和文学之士混杂其间。员半千上疏反对被降为水部郎中。武则天为掩人耳目，让她的男宠们以修《三教珠英》之名留在内殿。此时，七十五岁高龄的武则天居然长出八字形重眉，有年轻化的迹象，百官道贺。她拜谒升仙太子庙，表达仰慕神仙、追求长生的心愿。圣历三年五月，洞真天师胡超炼成长生药，武则天服食后效果立竿见影，便在端午节下诏大赦天下，改元"久视"，并为自己恢复简单的"皇帝"称号，削去"天册金轮圣神"之号；女皇还请胡超为她写三官手书，向三官九府请求"除武曌罪名"，在嵩山投放金简。晚年的女皇受道教影响，思想发生了很大的变化。她不再执念于权力虚幻，余生只希望在享受中度过。六月，她将控鹤监改为奉宸府，以张易之为奉宸令，其地位仅次于御史大夫；阎朝隐、薛稷、员半千等文人为奉宸供奉。"奉宸"，即侍奉皇帝的燕居生活；奉宸府，也就是专供女皇享乐的机构。

女皇的这种转变，很快被大臣们感知到。为了谄媚武则天，梁王武三思曾请旨建造三阳宫和兴泰宫，以供武则天与男宠们幽会玩乐。他还上奏称张昌宗乃升仙太子的后身，女皇非常高兴，命张昌宗穿着羽衣，吹着笙，乘骑着木鹤，于庭中奏乐，仿佛升仙太子一般。文人竞相赋诗赞美张昌宗，以此来献媚武则天。崔融作《和梁王众传张光禄是王子晋后身》："闻有冲天客，披云下帝畿。三年上宾去，千载忽来归。昔偶浮丘伯，今同丁令威。中郎才貌是，柱史姓名非。祇召趋龙阙，承恩拜虎闱。丹成金鼎献，酒至玉杯挥。天仗分旄节，朝容间羽衣。旧坛何处所，新庙坐光辉。汉主存仙要，淮南爱道机。朝朝缑氏鹤，长向洛阳飞。"溜须拍马极尽能事，置文人尊严于不顾。有张氏兄弟侍奉左右，女皇仍然没有感到满足，她下制增选俊美少年为奉宸供奉，许多人毛遂自荐，甚至有人称自己"阳道壮伟"，无耻不堪至此。这引起了朝中正直臣子的强烈不满，右补阙谏官朱敬则进谏说："臣闻志不可满，乐不可极。嗜欲之情，愚智皆同，贤者能节之不使过度，则前圣格言也。陛下内宠已有张易之、昌宗，固应足矣。近闻尚舍奉御柳模自言子良宾洁白美须眉，右监门卫长史侯祥云阳道壮伟过于薛怀义，专欲自进奉宸内供奉。无礼无义，溢于朝听。臣愚，职在谏诤，不敢不奏！"女皇也不生气，对他说："非卿直言，朕不知此！"纳其谏而且赐彩百段。后来，朱敬则还被提拔为宰相。武则天对待贤臣的气度自此也可见一斑。

女皇爱屋及乌，提拔张氏兄弟的父亲张希臧为襄州刺史，封二人的母亲韦氏和臧氏为太夫人，委派尚宫到其家中嘘寒问暖，甚至还命令凤阁侍郎李迥秀作臧氏的"私夫"。武氏子侄等逸佞之辈见风使舵，争先候于张氏门庭，为其执辔，还厚颜尊称张易之为五郎、张昌宗为六郎。当时有人称赞张昌宗的美貌："六郎面似莲花"；宰相杨再思谓之不然："乃莲花似六郎耳！"谄媚至极。左台中丞宋璟对此深表厌恶，只称呼张易之为张卿。有人问他："中丞奈何呼五郎为卿？"宋璟回答："以官职言之正当为卿，若以亲故而言则当为张五。足下非易之家奴，何郎之有？"宰相韦安石也借机多次侮辱张氏兄弟。一次内殿宴会，张易之率领蜀商宋霸子等人在席前博戏，韦安石跪奏女皇："蜀商等是贱类，不合预登此筵！"令左右将他们驱逐出去，在座者都大惊失色。武则天知道韦安石这个人性子直，并没有怪罪他，反而对他加以劝慰。

《三教珠英》完成之日，张昌宗已拜为司仆卿并封邺国公，张易之则拜为麟台监并封恒国公，各获赐实封三百户。拥有如此的富贵荣耀，兄弟二人却仍然不满足，贪赃枉法，极尽私欲。张易之建造一座大堂就花费高达数百万之巨，大堂以红粉涂墙、文柏立柱，并饰以琉璃沉香，壮丽奢华无比。他们的家族兄弟同样贪婪骄横，目无法纪。一天早朝，有位姓薛的选人（候补官员）悄悄地贿赂给洛阳令张昌仪五十两黄金，请他帮忙解决官职转正事宜。张昌仪接受黄金后，到了朝堂便将那人的陈状交给天官侍郎张锡。不想，几天后张锡把状纸弄丢了，只好去问张昌仪；张昌仪骂道："不了事人！我亦不记得，但姓薛者即予之。"张锡很害怕，回去后吩咐手下拿来铨选名单，将名单上凡是姓薛的全部留注为官，人数多达六十余人，其荒唐程度令人发指。

武则天做了皇帝，按制是有权为自己设置后宫的。然而，她并没有选择走这条光明正大的道路，而是欲盖弥彰地蓄养男宠。先是度薛怀义为僧，后是让张氏兄弟修《三教珠英》，总之多番掩护，以至于她和男宠们的关系非常名不正言不顺，成为日后遭人诟骂的一大把柄。从中可以见出，在权力上不可一世的女皇内心里仍然是屈服于当时的男权思想的，她突破了权势的性别局限，却无法超越自身的历史困境。

庐陵王何得保全？

武则天建立大周，其第三子李显被废、第四子李旦被降为皇嗣，皇太子之位空悬，作为子侄的武承嗣就开始做起继承大统的春秋大梦。然而，皇嗣始终是横亘在他面前的障碍和威胁。双方势力明争暗斗，此消彼长。为了争夺皇太子之位，身为文昌左相同三品的武承嗣一直煞费苦心。他曾教唆武则天诛杀李唐宗室，还组织百姓向女皇请愿立他为皇太子。"神不歆非类，民不祀非族，今是谁有天下，而以李氏为嗣乎？""自古天子未有以异姓为嗣者。"武承嗣试图以宗族门第的观念打动武则天。他知道姑姑宠爱薛怀义和张氏兄弟，便不顾脸皮低三下四地巴结他们，希望这些比自己更亲近女皇的人能够为他有所进言，助他成为皇太子。最初，武则天确实是属意于武承嗣的。天授二年（691），岑长倩等人因反对改立武承嗣为太子，遭女皇诛杀。长寿二年（692），朝臣裴匪躬、范云仙私谒皇嗣被腰斩；女皇下令"公卿以下皆不得见皇嗣"，并杀皇嗣妃刘氏和窦氏。皇嗣岌岌可危，因安金藏剖腹担保他绝无谋反之意才得以幸存。

与此同时，支持李唐宗室的大臣们也没闲着。前文提到，在立太子的问题上狄仁杰做出了重要贡献，除他之外，宰相李昭德也是功不可没。李昭德曾密奏"魏王权太重"以挑拨女皇姑侄间的关系，还从亲情角度劝说武则天："岂有侄为天子而为姑立庙乎？以亲亲言之，则天皇是陛下夫也，皇嗣是陛下子也，陛下正合传之子孙，为万代计。况陛下承天皇顾托而有天下，若立承嗣，臣恐天皇不血食矣！"又"侄之于姑，其亲何如子之于父；子犹有篡弑其父者，何况侄乎！"武则天在权力斗争的道路上不止一次地利用亲情排除异己，自然深知其中之理。更何况，自己年幼时和母亲受异母兄弟和叔伯兄弟的欺辱也一直是她内心的伤痛和阴影。她非常清楚，如果让武承嗣继承皇位，不仅是"天皇不血食"，就连她这个姑姑也不见得有"血食"。李昭德的离间之计发挥了明显的作用，女皇不久便罢免了武承嗣和武攸宁的宰相之职，此后对他们多次拜相旋而罢免，始终不给他们长期掌握重权的机会。神功元年六月二十四日，武承嗣和武三思再度拜相，但很快在七月三日双双被罢，仅仅做了十天宰相。

在武则天立储态度模糊不明的情况下，拉拢女皇的男宠就成为宗室和外戚双方势力的共同选择，而张氏兄弟从来没有把诸武子弟放在眼里，他们最终把自己的前程寄托在了李氏宗室的身上，这和当时的国内外局势以及吉顼、狄仁杰等人对他们的劝说有着极大的关系。

吉顼，也在则天朝酷吏名单之列，但此人先恭敬于武氏后转而辅佐李氏，对女皇还政于李唐是有贡献的。当年，吉顼的父亲——易州刺史吉哲受贿当斩，吉顼将两个妹妹送给武承嗣，请他搭救父亲，自此与诸武子弟熟识。吉顼身材魁梧且有口才、性格阴毒，与武懿宗大兴刑狱，官至左台中丞。但是，洞悉女皇心理的他后来转向了李唐宗室。他与张氏兄弟有私交，兄弟俩眼见女皇日渐衰老，开始担心自己的前途命运，于是问计于吉顼："公兄弟承恩既深，非有大功于天下则不全矣！"吉顼趁机建言："今天下士庶咸思李家，庐陵既在房州，皇嗣又在幽闭，主上春秋既高，须有付托，武氏诸王，殊非属意。明公若能从容请建立庐陵王及皇嗣，以副生人之望，岂止转祸为福，必长享茅土之重矣！"问计狄仁杰，狄仁杰也如是说。张氏兄弟于是拿定主意，时常向女皇奏请迎还庐陵王。女皇召吉顼询问此事，吉顼说："庐陵王及皇嗣皆陛下之子，先帝顾托于陛下，当有主意，惟陛下裁之。"女皇遂迎还庐陵王。唐睿宗再度登基以后，下制表彰吉顼的功劳："首陈返政之议，克副祈天之基。永怀遗烈，宁忘厥功！"并追赠他为御史大夫，吉顼之子吉浑墓志也载言："武后称制，皇纲不维。先相国（即吉顼）扶护二宗，协规大象。"可见事实确凿。

庐陵王虽被迎还神都，但储君之选仍然悬而不决，半年就这样过去了。期间，武承嗣含恨而死，皇嗣李旦多次称疾不出，并自请让位于庐陵王。而庐陵王还都前后，大周在外交方面也发生了一系列冲突。神功元年（697）三月，契丹领袖孙万荣歼灭王孝杰军队，围攻幽州，并移檄质问朝廷："何不归我庐陵王！"圣历元年（698），契丹欲联合东突厥兵反大周，东突厥可汗默啜便以此要挟，向大周请求和亲。当年六月，女皇派武承嗣之子——淮阳王武延秀到突厥迎娶默啜之女。不料，面对着武延秀等迎亲队伍，可汗默啜说："我欲以女嫁李氏，安用武氏儿耶！此岂天子之子乎？我突厥世受李氏恩，闻李氏尽灭，唯两儿在，我今将兵辅立之！"东突厥拘留了武延秀，还扬言八月初将攻打大周。女皇急命司属卿、高平郡王武重规等先后率兵迎战，参战将兵多达四十五万之众，规模空前。武承嗣便是在此时郁郁而终的。种种冲突表明李氏宗室乃内外民心所向，且出于夫妻与母子亲情以及身后祭祀等多重考虑，九月十五日武则天终于册立庐陵王李哲为皇太子，复名为显。

东突厥陷定州、围赵州，吉顼奉命为检校相州刺史招募士兵，可他到任后居然无人应征，等到新太子被任命为河北道行军元帅、吉顼为监军使之时，应征者才蜂拥而至，迅速便募集到五万人。突厥退兵，吉顼上奏此事。女皇非常高兴："人心若是耶？卿可为群臣道之！"吉顼当朝陈述，亲李远武之意天下皆知。圣历二年，女皇特置控鹤监，他被选为供奉，与女皇和张氏兄弟的关系非同一般，这不久便迁为天官侍郎同平章事。同年底，则拜为宰相。

吉顼向太子靠拢，引起了武氏子弟的不满。吉顼见太子势成，在武氏子弟面前也变得肆无忌惮起来。有一次，吉顼与武懿宗在殿内争论各自功劳大小，武懿宗身材佝偻矮小，吉顼对他充满蔑视，其倨傲无礼之状连在场的女皇都看不过去了："在朕面前犹卑我诸武，他日安可倚靠！"事后，武则天以驯服"师子骢"的故事严重警告了他。吉顼终究是没有读懂女皇的心思。他只看到了晚年的女皇日渐看重母子亲情，却忽视了女皇同样重视武氏家族的血脉和地位。像他这样本性阴毒、见风使舵的人终于因为揣测有误，落得一个凄惨的下场。武氏子弟联合揭发其弟冒官，吉顼遭连坐，圣历三年（700）正月被贬出京城，为地方县尉。临行前，君臣最后一次对话颇有深意。

吉顼："臣今远离阙庭，永无再见之期，愿陈一言以进！"

女皇："赐坐。"

吉顼："合水土为泥，有争乎？"

女皇："无。"

吉顼："分一半为佛，一半为天尊，有争乎？"

女皇："有争矣。"

吉顼："臣亦以为有。宗室、外戚各当其分，则天下安；今太子已立而外戚犹为王，此陛下驱之，使他日必争，两不得安也。"

女皇："朕亦知之，然业已如此，不可如何！"

这番对话透露出武则天复杂矛盾的心境，她是希望宗室、外戚能够两全的,而实际上她为此也一直在努力。圣历元年九月,庐陵王复立为皇太子,不久女皇便下诏令其改从母姓。圣历二年七月,女皇召集太子、相王与武三思、武攸宁等宗室和外戚主要政治力量,在明堂立誓文、铭铁券。如此筹谋之后,这才于十月准许太子和相王诸子出阁。此外,让李武两家联姻也是武则天调和冲突的惯用手段。薛绍死后,太平公主改嫁武攸暨;太子武显有八个女儿,也大多被武则天安排嫁了武氏孙辈。所谓手心手背皆是肉,其良苦用心可谓深矣。

神龙政变

长安二年八月,皇嗣和太平公主等人联合上表,请求女皇封张昌宗为王。虽然奏表最终没有获得武则天的批准,仅仅是赐爵"邺国公",但是这些宗室成员何以对女皇的男宠张氏兄弟巴结到这种地步?是谄媚还是试探?值得玩味。

圣历年以来,年老的女皇一方面服食灵丹妙药,一方面依赖张氏兄弟与之"合炼",身体状况稍有和缓,但自然规律毕竟不容违背,日薄西山的她健康状况大不如前了。与此同时,她对张氏兄弟越来越宠幸。此时的女皇宁愿把更多的时间放在轻松的享乐上,对朝廷政务不再像往前那么勤奋。于是,太平公主、上官婉儿和张氏兄弟成了为她分担政务的人。

前文已提到,上官婉儿十四岁便蒙召见入侍内殿,长期为武则天撰写诏书,颇得信任;自圣历(698-700)以后,百官的表奏,武则天大多让她参与决断。

而太平公主"丰硕，方额广颐，多权略"，深得母亲武则天的喜爱。以前，武则天有精力打理国事时，严格管教她，作为一个公主不得参与政务，所谓"宫禁严峻，事不令泄"。太平公主顺从母意，小心侍奉，主要是陪同母亲玩乐哄其开心。太平公主可以说是最体贴武则天心思的子女了，她不仅同意让母亲的男宠薛怀义与丈夫薛绍合族，还亲自推荐男宠张昌宗给武则天。这样的女儿怎么能不让女皇高兴？按唐朝旧制，亲王实封八百户，公主则不超过三百户。而太平公主在"革命"前已获实封三百五十户，"革命"后增至一千二百户，圣历年间更是高达三千户，武则天对她的恩宠由此可见一斑。当女皇疾病缠身无暇旁顾之时，太平公主就成了她勤政的好帮手。

除了上官婉儿和太平公主，张氏兄弟也经女皇授意开始干预朝政。两个名不正言不顺的面首从女皇的床榻走向朝堂大殿，引起朝廷乃至民间一片反对之声。狄仁杰就曾建议武则天应该让太子监国，但因遭到宰相魏元忠的反对而作罢。长安元年（701）八月，一个叫苏安恒的平民投匦上疏，请女皇退位：

> 陛下钦先圣之顾托，受嗣子之推让。……造明堂，则祖文宗武之业也；封中岳，则万代一时之事也；受宝图，即河图洛书之瑞也。功既大矣，业既成矣，即当捐其犬马，减其服御；观四大其如遗，视万乘其若脱……且族亲何如子之爱，叔父何如母之恩？今太子孝敬是崇，春秋既壮，若使统临宸极，何异陛下之身！……陛下辍"金轮圣神"等号，即是厌倦万机之象，此谓天意也。太子以奸臣枉构，久以自新；相王推位青宫，退居朱邸，

天下闻之，莫不讴吟圣代，此谓人事也。故知天意人事，钟我圣朝。大臣重禄不言，近臣畏罪不谏，使吾君有尧舜之位，不行尧舜之道……自古明王之以孝理天下也，不见二姓而俱王也。当今梁、定、河内、建昌诸王等，承陛下之荫覆，并得封王，臣恐千秋万岁之后，于事非便。臣请黜为公侯，任以闲薄曹务。臣又闻陛下有二十余孙，今无尺土之侯，此非长久计也。臣请四面都督及要冲州郡，分土而王之。……陛下若能告倦万几，推位太子，分州列郡，以王子孙。自然四夷闻之，系颈面缚；百姓闻之，鼓腹击壤。

女皇不但不生气，还召见了苏安恒，并赐食慰抚一番。数月后，苏安恒见女皇仍无退位之象，便再次上疏，言辞较前更加激烈：

昔者先皇晏驾，留其顾托，将以万务殷广，令陛下兼知政事。虽唐尧虞舜居其位，而共公伯鲧在其朝，间陛下骨肉之恩，阻陛下母子之爱。愚臣谓圣情以运祚将衰，极斯大节，天下之人，谓陛下微弱李氏，贪天之功！何以年在耄倦，而不能复子明辟？使忠言莫进，奸邪乘时，夷狄纷扰，屠害黎庶。……臣闻天下者，神尧、文皇之天下也！……陛下虽居正统，实因唐氏旧基，故诗曰："惟鹊有巢，惟鸠居之。"此言虽小，可以喻大。……东宫昔在谅阴，相王又非长子，陛下恐宗祀中绝，所以应其讴歌。当今太子追回，年德俱盛，陛下贪其宝位，而忘母子深恩。臣闻京邑翼翼，四方取则。陛下蔽太子之元良，枉太子之神器，何以教天下母慈子孝焉？何以使天下移风易俗焉？惟陛下思之，将何圣颜以见唐家宗庙，将何诰命以谒大帝坟陵？陛下何故日夜积忧，不知钟鸣漏尽？臣愚以为天意人事，还归李家；陛下虽安天位，殊不知物极则反，器满则倾。故语曰：当断不断，反受其乱。此之谓也。陛下不如高揖枢务，自怡圣躬！

这次女皇依然无动于衷，对苏安恒也不加责罚。

一介草民竟连连上疏请女皇让位于太子，可见当时已是民怨沸腾，女皇却沉溺在日薄西山的衰老和张氏兄弟的陪伴之中，不予理会。同年十月，太子的嫡长子邵王李重润和永泰郡主夫妇——李仙蕙和武延基私下议论张氏兄弟宫中乱政，后因双方发生矛盾谈话内容不慎泄露。张易之愤而报知女皇，女皇便将他们交给太子，由他处置。如何处置？圣意不明。经历多年囚禁生涯的太子对母皇是充满畏惧之心的，活在无限恐惧之中的太子显，为了给母亲一个圆满的交代，不及审问便忍痛将一双儿女缢死了之。神龙元年（701），太子显复辟后，才追赠李重润为懿德太子，为其举行冥婚，合葬于乾陵；追封李仙蕙为永泰公主，与驸马武延基亦葬于乾陵。

女皇为了自己心爱的男宠，居然可以狠心杀害自己的嫡孙和孙女。尽管或许不是出于她的本意，但张氏兄弟在女皇心中的至高地位是显而易见的。这次事件让宗室成员陷入恐慌，他们担心在继承人的问题上女皇是否已属意于张氏兄弟。于是，就有了长安二年太子、相王和太平公主等人请封张昌宗为王的试探。

此后两年又陆续发生若干事件，终于引爆神龙政变。

首先是长安三年（703）九月的宰相魏元忠被贬案。当年五月魏元忠以宰相检校太子左庶子，他见满朝皆攀附张氏兄弟，便向女皇指斥二人乃"小人在侧"，惹得武则天很生气。而魏元忠和二张之间其实积怨已深。宰相魏元忠为官清正严明，圣历三年兼任洛州长史期间，因洛阳令张昌仪倚仗兄弟权势倨傲无礼，他不留情面予以斥责。张易之的家奴欺凌普通百姓，也被魏元忠依法杖杀。女皇打算提拔张家兄弟——岐州刺史张昌期为雍州长史，魏元忠表示反对，并推荐薛季昶："昌期少年，不闲吏事，向在岐州，户口逃亡且尽。雍州是帝京所在，事任繁剧，昌期不如季昶强干习事。"女皇这才作罢。因此，张氏兄弟对魏元忠恨得咬牙切齿，待他们被委以朝政大权，向眼中钉实施报复的机会也就来了。

长安三年九月，张氏兄弟预谋告密诬陷宰相魏元忠，并以高官利诱凤阁舍人张说，逼他作伪证。一切安排好后，张昌宗向迁居西京的女皇揭发道："元忠曾与太平公主所爱的司礼丞高戬私语说主上老矣，吾属当挟皇太子，可谓耐久！"女皇半信半疑："汝何以知？"张昌宗："凤阁舍人张说可以为证。"女皇大怒，将元忠、高戬逮捕下狱。第二天，女皇让太子、相王及宰相等人与张昌宗在大殿当庭辩论。张昌宗说："张说闻元忠言，请召对之。"在门外承宣的张说正要进去，同僚凤阁舍人宋璟拉住他，劝说道："名义至重，鬼神难欺，不可党邪陷正以求苟免！若获罪流窜，其荣多矣。若事有不测，吾当叩阁力争，与子同死。努力为之，万代瞻仰，在此举也！"殿中侍御史张廷珪说："朝闻道，夕死可矣！"左史刘知几道："无污青史，为子孙累！"张说深受触动，临时决定改弦易张。入殿，女皇让他"具述其事。"张说还没开口，魏元忠因害怕先喊冤："张说欲与昌宗共罗织元忠耶！"张说："元忠为宰相，何乃效委巷小人之言！"旁边的张昌宗催促他赶紧作证，于是张说向女皇道："陛下视之，在陛下前犹逼臣如是，况在外乎！臣今日面对广朝，不敢不以实对。臣实不闻元忠有是言，但昌宗逼臣使诬证之耳！"二张惊惧："张说与魏元忠同反！张说曾谓元忠是伊尹、周公。伊尹放太甲，周公摄王位，非欲反而何？"试图引起女皇的疑心。张说道："易之兄弟小人，徒闻伊、周之语，安知伊、周之道！当日元忠初为紫衣大臣时，臣以郎官往贺，听元忠对其客说：'无功受宠，不胜惭惧！'臣当时实话说：'明公居伊、周之任，何愧三品！'彼伊尹、周公皆为臣至忠，古今慕仰，陛下用宰相，不使学伊、周，当使学谁耶？且臣岂不知今日附昌宗立取台衡，附元忠立致族灭！但臣畏元忠冤魂，不敢诬之耳！"闻听此言，女皇对宰相说："张说倾巧，翻覆小人，且总收禁，待更勘问。"后又进行多次审问，都审不出什么结果。

　　二张乱政，宰相蒙冤，朝廷内外的有识之士再也坐不住了。宰相谏议大夫同平章事朱敬则密奏女皇："魏元忠素称忠正，张说又所坐无名，俱令抵罪，恐失天下之望，愿加详察！"平民苏安恒也上疏谏言，指出此案若判决不当，后果将十分严重："陛下往日革命之初际，即能勤于庶政，亲总万几，博采谋猷，旁求俊彦，故四海之内以陛下为纳谏之主。陛下期年以来，怠于政事，逸邪结党，水火成灾，百姓不亲，五品不逊，故四海之内以陛下为受佞之主。当今邪正莫辨，狱讼蒙冤，岂陛下昔是而今非，盖居安忘危之失也。……自元忠下狱以来，臣见长安城内街谈巷议，皆以陛下委任奸佞，斥逐贤良。

以元忠必无不顺之言，以易之必有交乱之意，相逢偶语，人心不安；虽有忠臣烈士，空抚髀于私室而钳口不敢言者，皆惧易之等威权，恐无辜而受戮，亦徒虚死耳！……百姓因之，即聚结义兵，以除君侧之恶。……复恐逐鹿之党叩关而至，乱阶之徒从中相应，争锋于朱雀门内，问鼎于大明殿前，陛下将何事以谢之，复何方以御之……纵不能斩佞臣头以塞人望，臣请夺其荣宠，翦其羽翼，无使权柄在手，骄横日滋。"被斥为"奸佞"的张氏兄弟勃然大怒，要杀苏安恒泄愤，苏安恒幸得朱敬则等重臣保护才免一死。朝野的态度如此坚决，女皇也自知魏元忠被冤，但她为了抚慰自己的情人，最终还是将无辜的宰相魏元忠贬为高要尉，张说和高戬流配岭南。

此案表面上剑指魏元忠，但实际上将太子、相王和太平公主都牵连了进来。张氏兄弟的真实意图难以确知，当时舆论认为："昌宗等包藏祸心，遂与说计议，欲谋害大臣。宋璟等知说巧诈，恐损良善，遂与之言，令其内省。向使说原来不许昌宗虚证元忠，必无今日之事。乃是自招其咎，赖识通变，转祸为福；不然，皇嗣殆将危矣。"

第二件事是长安四年（704）张氏兄弟贪赃枉法案。长安三年十月，女皇从西京长安搬回神都洛阳，开始计划在万安山建造兴泰宫，取"万安兴泰"之意；又恢复向天下僧尼抽税，欲在白司马阪建造"皇帝佛"像。张氏兄弟及势力团伙在这两项工程中肆意贪赃中饱私囊。张氏兄弟通过出售私木和僧尼抽税敛取巨额财富，于长安四年七月被宪台弹劾下狱。宪台台长坚持严惩，要免张昌宗的官职。张昌宗向女皇辩称："臣有功于国，所犯不致免官。"女皇问宰相杨再思："昌宗有功乎？"逸佞的杨再思答："昌宗以往合炼神丹，圣躬服之有效，此实莫大之功！"女皇很高兴，就此赦免张昌宗，而且让他官复原职；张家同休、昌仪兄弟则被贬为县丞。而先前被委任审理贪污案的宰相韦安石和唐休璟，一个被任命为兼检校扬州大都督府长史，一个则被罢为夏官尚书兼幽、营都督安东都护，都被调离神都，不许再过问此案。临行前，唐休璟特意提醒太子："张易之兄弟幸蒙宠遇，数侍宴禁中，纵情失礼，非人臣之道，惟加防察！"对太子影响很大。

第三件事是张昌宗引术士占相案。长安四年年末，女皇卧病长生院，不问朝政。她也不传旨让太子监国，只要张氏兄弟于左右侍奉。宰相兼太子右庶子崔玄㻒奏议："皇太子、相王仁明孝友，足侍汤药。宫禁事重，伏愿不令异姓出入。"女皇没有采纳。此时，有人飞书道路称"易之兄弟谋反"，女皇也不闻不问。十二月十九日，许州人杨元嗣告发"张昌宗曾召术士李弘泰占相，弘泰言昌宗有天子相，劝于定州造佛寺，则天下归心。"事关重大，女皇命宰相韦承庆、司刑卿崔神庆与左台中丞宋璟共同审理此案。张易之确实在同年八月向时任宰相姚崇提出移送京城大德僧十人至定州私置寺之请，被姚崇阻止。张昌宗私下也向女皇汇报过此事。经审讯，韦承庆奏说："昌宗款称'弘泰之语，寻已奏闻'，准法自首者原其罪；弘泰妖言，请收行法。"宋璟和大理丞封全祯也奏言："昌宗宠荣如是，复召术士占相，志欲何求？弘泰声称筮得纯乾，是天子之卦。昌宗倘以弘泰为妖妄，何不执送有司？虽云先已奏闻，终是包藏祸心，法当处斩破家。请收付狱，穷理其罪。倘不收系，恐其摇动众心。"女皇默然良久，说："卿且停推，俟更详检文状。"又不加以追究。

以上三件事发生以后，宗室及臣民人心惶惶。女皇暖了情人们的心，却让子女朝臣的心不寒而栗。女皇对二张的偏袒纵容已经到了让人无法容忍的地步，她是要传位给张昌宗吗？二张如果继承大周，那么李唐宗室和反对二张的臣子们岂不是又要被赶尽杀绝？与其坐等绝境，不如先发制人。

神龙元年（705）正月二十二日，由秋官侍郎同平章事张柬之、鸾台侍郎同平章事兼检校太子右庶子崔玄暐、左羽林将军敬晖、左羽林将军桓彦范、司刑少卿兼知相王府司马事袁恕己领衔发动政变，太子、相王、太平公主以及武氏子弟等各派势力均参与其中。因李唐复辟以后带头的五位都被封王，所以这场政变也称"五王政变"。

政变的首脑正是狄仁杰向武则天推举的张柬之。张柬之在接任荆府长史时，曾与前任长史杨元琰泛舟水上，二人谈及女皇的大周"革命"，都表达了匡复旧唐的鸿鹄志愿。长安年间，张柬之被调还中央，历任司刑少卿、秋官侍郎。狄仁杰曾称赞他"其人虽老，宰相才也"，但直到狄仁杰去世武则天也没有拜他为相。长安四年九月，宰相姚崇出任灵武道安抚大使，行前亦向女皇推荐张柬之，说他"沉厚有谋，能断大事，且其人年老，惟陛下急用之！"张柬之这才以年过八十的高龄拜为宰相。早有复唐宏愿的张柬之担任宰相后所做的第一件事，便是荐举杨元琰为右羽林军将军："君颇记江中之言乎？今日非轻授也！"接着又任用桓彦范、敬晖及李义府之子右散骑常侍李湛为左、右羽林将军。如此以来，皇宫禁军的主要兵权就掌握在了政变人士的手上。

左羽林将军敬晖向素与张氏兄弟交恶的冬官侍郎朱敬则问计。

朱敬则告诉他："公若假皇太子之令，举北军诛易之兄弟，两飞骑之力耳！"北军，即禁军统称，因驻屯于正北玄武门而有此名。武则天万万没有想到，当年助她废帝的北军如今又成了废她的力量。

长安四年九月以来，洛阳当地天露奇象，白昼如夜，雨雪狂肆，有百姓死于饥饿和寒冷。女皇下令开仓赈粮，同时继续在白司马阪营造佛像的工程。此时，张柬之等人政变前的准备也在秘密进行中，他成功策反了左羽林卫大将军李多祚，将桓彦范、敬晖及杨元琰、李湛分为左、右羽林将军。桓彦范、敬晖趁机将计划告诉了从北门入宫探望母皇的太子，获得首肯。第二年正月一日，因迎请的佛骨到达长安，女皇下制赦免自文明元年以来除李敬业和扬、豫、博三州及诸逆魁首之外获罪的人，改元"神龙"。正月二十二日，政变力量的军事行动开始了。兵分三路：第一路，由宰相张柬之、崔玄暐、右羽林将军杨元琰、左威卫将军薛思行等率领左、右羽林兵及千骑五百余人直至玄武门；第二路，由左羽林大将军李多祚、李湛和王同皎往东宫迎接太子，然后会师玄武门；第三路，由司刑少卿兼知相王府司马事袁恕己随从相王统率南衙兵仗。

箭已在弦上，软弱的太子却吓得不敢出门。女婿王同皎劝道："先帝以神器付殿下，横遭幽废，人神同愤，二十三年矣！今天诱其衷，北门、南衙同心协力，诛凶竖，复李氏社稷，愿殿下速至玄武门以副众望！"太子辩称："凶竖诚当夷灭，然主上圣体不安，得无惊恒！"摆出一副孝顺儿子的模样："诸公更为后图！"李湛看不下去了，言道："诸将不顾家族以徇社稷，殿下奈何纳之鼎镬乎！请殿下自出止之！"太子终于出了东宫，由王同皎扶抱上马赶至玄武门。

张柬之等人斩杀张易之、张昌宗于集仙殿，包围长生殿。在殿内就寝的女皇被殿外的喧闹声惊醒。她问："乱者谁耶？"桓彦范答道："张易之、昌宗谋反，臣等奉太子令诛之，恐有漏泄，故不敢以闻。称兵宫禁，罪当万死！"太子进殿，女皇看见她说："乃汝耶？小子既诛，可还东宫。"太子不敢吭声，桓彦范道："太子安得更归！昔天皇以太子托陛下，今年齿已长，久居东宫，天意人心，久思李氏。群臣不忘太宗、天皇之德，故奉太子诛贼臣，愿陛下传位太子，以顺天人之望！"女皇见李湛在其中，便责问他："汝亦为诛易之将军耶？我于汝父子不薄，乃有今日！"李湛无言以对。又见宰相崔玄暐也在其列，也质问他："人皆因人以进，惟卿朕所自擢，亦在此耶！"崔玄暐倒是义正言辞，他答道："此乃所以报陛下之大德！"到了这个时候，女皇才认清眼前的现实，她已经众叛亲离，无力回天。她选择用沉默来表达自己的愤怒，以此来维护她最后的尊严。

另外，张家兄弟——汴州刺史张昌期、司礼少卿张同休和洛阳令张昌仪也被斩杀，在天津桥南枭首示众，人们奔走相告，争割其肉。张氏兄弟的党羽——宰相韦承庆、房融及司礼卿崔神庆等也被捕下狱。

正月二十三日，女皇颁布诏书，由太子监国。诏书称：张氏兄弟谋反，女皇幸得太子救驾，"岂惟朕躬之幸，抑亦兆庶之福"，因"机务既繁，有妨摄理"，所以决定让太子监国。此诏书明显不是出自武则天本意。当日，太子特派使臣前往各州宣诏及慰问，又遣使臣西去长安祭告太庙和皇陵。

正月二十四日,女皇颁诏,传位太子。

正月二十五日,太子武显即位。但国号不改,仍为大周。

正月二十六日,新皇帝将逊帝武则天迁至上阳宫。

上阳宫坐落在神都禁苑的东部,亦在皇城丽景门之西南。从自然条件来说,此处西近谷水,南临洛水,宫内有观风殿、仙居殿及亭台楼阁,为当年天皇所喜居,不失为修养生息之所。但丽景门即"例竟"门,容易影射武则天刑狱天下的罪孽。武则天移驾上阳宫之日,新皇帝率领百官前来问安,众人都兴高采烈,惟独姚崇悲从中来。张柬之和桓彦范说:"今日岂是啼泣时?恐公祸从此始!"姚崇答道:"事旧主岁久,乍此辞违,情发于衷,悲不能忍。且日前从公诛凶逆者,是臣子之常道,岂敢言功;今辞违旧主悲泣者,亦臣子之终节,缘此获罪,实所甘心!"从此,女皇便被软禁在上阳宫,不得谒见。

正月二十七日,新皇帝为逊帝加尊号"则天大圣皇帝"。

二月四日,新皇帝终于诏告天下,恢复"大唐"国号,沿用"神龙"年号。诏书云:"高宗天皇大帝……仙驾不返,逆臣开衅,敬业挺灾于淮甸,务挺潜应于沙场,天柱将摇,地维方挠,非拨乱之神功,不能定人之安危矣。则天大圣皇帝亶聪成德,浚哲应期,用初九之英谟,开太一之宏略,振玉铃而殪封豕,授金钺而斩长鲸;受河洛之图书,当昊羲之历数,惠育黎献,并登仁寿。既而凝怀问道,属想无为,以大宝为劳生,复丕于明辟;且有后命,俾承先绪,光启大唐之国,用崇兴复之基。交际在辰,情深感慰,奉高祖之宗庙,遵太宗之社稷,不失旧物,宴在于兹。业既维新,事宜更始,可改大周为唐,社稷、宗庙、陵寝、郊祀、礼乐、行运、旗帜、服色、天地等字、台阁官名,一事已上,并依永淳已前故事。其神都依旧为东都,北都依旧为并州大都督府,……周朝宗庙、陵寝及宫,宜令所司商量处分。朕之远系,出自老君,……宜依旧上尊号为玄元皇帝。"这篇诏书为逊帝革命和新帝复辟寻求了合情合理的理由。自此,在大唐的土地上,便同时存在着两个皇帝。

被软禁在上阳宫的武则天,再也没有人听她呼风唤雨。除了依然每天来向她请安的儿子,外面的一切都与她无关了。

灿若流星的武周王朝

从天授元年(690)至神龙元年(705),武则天称帝的大周王朝仅有十五年的历史。如果将中国历代封建王朝比作夜空的繁星,那么大周不过是转瞬即逝的一颗流星;假如将更迭不休的封建王朝比作春日的繁花,那么大周只能算是稍现即谢的昙花。如此短暂的王朝,前承贞观之治、后启开元盛世,在政治、经济、军事、社会和文化等诸多方面却留下了不可磨灭的印记。值得一提的是,大周的成就实际上要从唐高宗朝武则天参政时期的方针政策说起的。

首先,起用寒门学士,打击门阀士族,为庶族子弟创造建功立业的机会。

唐朝初年,以北方崔、卢、李、郑为首的山东士族和北周八柱国家为首的关陇士族拥有至高无上的权势和地位,尤其是以长孙无忌为首的关陇士族重权在握,旁人难以企及,这是由于李唐宗室出自关陇的缘故。武则天"地实寒微",所以她没有维护门阀的意念和必要,她主张从庶族中扶植培养人才，以扩大和巩固自己的权力统治。为此，她大力推行制举和策问的人才选拔制度，派遣存抚使到各地寻觅人才，并由皇帝亲自举行殿试，优异者不拘一格予以重用。《大唐新语》记曰："则天初革命，大搜遗逸四方之士，应制者向万人，则天御雄阳城南门，亲自临试。"为防止存抚使有所遗漏，她还下令"内外文武九品以上及百姓咸令自举"。而且，她还推动了以乡贡为主的科举制度。据史料记载，大周朝平均每年科举录取的人数要比贞观时期增加一倍以上。据《新唐书》，武则天"不惜爵位，以笼络四方豪杰自为助，虽妄男子，言有所合，辄不次官之；至不称职，寻亦废诛不少纵，务取实材真贤。"

武则天将《氏族志》更名为《姓氏录》，所谓"皇朝得五品者皆升士流"，一时英雄不问出处，贤能之人无论贵贱都获得了同等的晋升机会。得人才者，得天下。通过这些政策实施，主观上，武则天为自己的统治培植发展了一批拥护势力；客观上，无疑为社会进步、历史发展发挥了重要的推进作用。

其次，广开言路、善于纳谏。

武则天"天后"时期的"建言十二事"中提出"七、广言路；八、杜逸口"。垂拱二年（686），"太后命铸铜为匦。其东曰：'延恩'，献赋颂、求仕进者投之；南曰：'招谏'，言朝政得失者投之；西曰：'伸冤'，，有冤抑者投之；北曰：'通玄'，言天象灾变及军机密计者投之"。铜匦的设置，为群臣上书言事提供了极大的便利，即使是平民百姓，有言也可直谏。在权力斗争过程中，铜匦成了告密之口，武则天铲除李唐宗室和其他异己势力便依靠于此，酷吏罗织罪名陷害朝臣也是通过它，这显然是违悖其本意的，可以说是血雨腥风中的变味。但她广开言路、善于纳谏也是有目共睹的。武则天信任狄仁杰，"仁杰好面引廷争，太后每曲意从之。"更有甚者如，长安年间武邑人苏安恒屡屡上疏女皇"何不禅位东宫？"以女皇的立场来看这样的劝谏是何等的胆大包天！然而，武则天居然没有怪罪他，还赐食加以抚慰。而此类事件是不胜枚举的。

第三，重视农业生产，增强了经济基础。

作为武则天执政纲领的"建言十二事"中前五条谓："一、劝农桑，薄赋徭；二、给复三辅地；三、息兵，以道德化天下；四、南北中尚禁浮巧；五、省功费力役"。这些政策从各个方面为农民减轻徭役和课税负担，无疑是能够促进农业生产的。同时，根据农业发展情况考核地方官吏，"田畴开辟，家有余粮"者予以奖赏，"为政苛滥，户口流移"者则给以惩罚。此外，还着人编写《兆人本业记》并在全国推广农业生产技术。重视农业的一系列政策措施，增强了经济，安定了民心，社会也因此得到了极大的发展。今人对当时洛阳的大型粮仓含嘉仓进行考古发掘，已发现多达二百五十九座粮窖，其中第一百六十号窖存有炭化谷物五十万斤。农业的丰收促进了商业的繁荣。长安三年，"天下诸津，舟航所聚，旁通蜀汉，前指闽越，七泽十薮，三江五湖，控引河洛，兼包淮海，宏舸巨舰，千轴万艘，交贸往还。"据史料记载，隋炀帝时期，全国户数八百九十多万、口数四千六百多万；到了经历战乱之后的唐初，户数低落至二百余万，人口损失惨重；而神龙元年（705）年底，户部统计的全国户数已回升至六百一十五万六千多、口数三千七百一十四万多。可见，天后时期便开始推行的农业政策是有利于人民休养生息和经济发展的。

第四，采取多元有效的国防政策，巩固了边防，给中原带来了长治久安。

武则天采纳陈子昂的建言，在边疆地区大兴屯田，不仅有利于当地的开发和建设，而且为军事斗争提供充足的后勤补给。在对外政策上，除了公主和亲，她也派兵直接与之对抗，命裴行俭、王孝杰等人攻打吐蕃，并于长寿元年（692）恢复安西四镇(于阗、龟兹、焉耆、疏勒），使古代丝绸之路得以畅通。武则天执政时期，还击败了侵扰北方地区的突厥和契丹军队，保障了国家的稳定和人民的安宁。

此外，武则天参政执政时期，人才辈出，文化灿然。女皇本人广涉文史、以文章选士，在她的影响下，出现了"文章四友"——李峤、苏味道、崔融、杜审言，时称"沈宋"的沈佺期和宋之问，备受推崇的陈子昂等等，他们为后世留下了不朽的诗篇。作为第一个女性皇帝，她所开创的大周朝社会风气开放，尤其是女性获得了空前的自信和解放。那时的女子簪花微笑，踏春赏柳，服装华丽优美，大胆裸露丰腴的身体。

这一切都宣告着大唐盛世高峰的即将来临。

无字丰碑

神龙元年（705）十一月二十六日，武则天在上阳宫仙居殿去世，终年八十一岁。她临终前遗制："祔庙、归陵，去帝号，称则天大圣皇后。"要求把自己的神主祔祭于宗庙，与高宗李治合葬乾陵；命令除去帝号，称则天大圣皇后。遗制又说："其王、萧二族及褚遂良、韩瑗、柳奭子孙亲属当时缘累者，咸令复业。"或许是她不愿与人结怨于地下，遂让受牵连的王皇后、萧良娣二家以及褚遂良、韩瑗等人的子孙亲属，全都恢复旧业，这是对他们有了一个交待。事实上，早在三年前的长安二年（702）八月，她已下制大赦："自今有告扬州及豫、博余党，一无所问，内外官司无得为理。"她又命苏颋着手平反冤案。到她去世时，那些被酷吏所构陷的冤狱都已清理干净。

中宗李显为母后"大唐则天大圣皇后"谅阴三日，在母丧二十五日后召见群臣，商议母后归陵——与高宗合葬乾陵——之事。武则天的归陵遗嘱既是母后遗令，也符合当时夫妇合葬的风俗，但给事中严善思上疏表示反对，他的理由是，高宗为帝，则天为后，则天皇后卑于天皇大帝，开陵合葬即是以卑动尊。再说"乾陵玄阙，其门以石闭塞，其石缝隙，铸铁以固其中。"今若开陵，必须有所镌凿，恐怕会惊扰逝者。还有，"修筑乾陵之后，国频有难，遂至则天太后权总万机，二十余年，其难始定。今乃更加营作，伏恐还有难生。"严善思的建议是，依照汉朝旧例，在乾陵之旁"更择吉地"，另起一陵，将武则天葬于乾陵之旁，而不要合葬。严善思的提议在朝中并没有人附和，唐中宗也意识到严善思有贬抑母后之意，下令"准遗诏以葬之。"

神龙二年正月二十一日，唐中宗亲自护送则天大圣皇后的灵驾返回长安。是年五月二十八日，则天皇帝的葬礼在庄严肃穆的哀乐声中隆重举行。歌颂逝者的《则天大圣皇后哀册文》由国子司业崔融撰写，册文颂扬了武则天一生无尚的功绩，它盛赞则天大圣皇后伟大的政治成就，说她在高宗朝时内辅外谋，高宗驾崩时"亦既顾命"，"辞不获已，从宜称制，于斯为美。仗义当责，忘躯济厄，神器权临，大运匪革，宗祧永固"。册文也为她执掌国家大权并篡夺、为她革大唐之命做辩护。册文对她的褒赞无以复加："英才远略，鸿业大勋，雷霆其武，日月其文"，"四海慕化，九夷禀朔，沉璧大河，泥金中岳，巍乎成功，翕然向风"，可谓字字生辉。册文对母后一生功绩的肯定和颂扬，显然代表了中宗的意愿，也为这位绝代女皇留下了

一篇千古绝唱。文人们也为武则天创作了很多悲凉动人的挽歌,崔融的《则天皇后挽歌》说:

> 前殿临朝罢,长陵合葬归。
> 山川不可望,文物尽成非。
> 阴月霾中道,轩星落太微。
> 空余天子孝,松上景云飞。

宋之问的《则天皇后挽歌》说:

> 象物行周礼,衣冠集汉都。
> 谁怜事虞舜,下里泣苍梧。

这些都表达了对武则天去世的深深伤悲和无尽哀思。当玄宫启闭,加上最后一锹泥土时,在场的亲属、大臣、百姓,无不痛哭流涕,场面极为哀恸。

武则天,这位中国历史上唯一的女皇帝,而今寿终正寝,到达了她想要的归宿地,长眠在夫皇的御床之左,永远陪伴着高宗皇帝。

为了表达对母后的尊崇,中宗李治为母后在乾陵朱雀门外司马道东侧立了一通石碑。司马道即神道,是通往陵墓的道路。这通石碑有两个特别之处。一是此碑承续了武则天打破传统为夫皇立碑的先例。中国自古以来有不在帝后陵寝立碑的惯例。这从唐玄宗时期苏颋的上疏中可以看出:"帝王及后,礼无神道碑。近则天皇后崇尚家代,

陵无字碑

犹不敢称碑,刻为述圣记。"疏中所说的"述圣记",可能是武则天命人为其父母所做的《攀龙台碑》和《大周无上孝明高皇后碑铭》。武则天打破常规,为高宗李治在乾陵司马道西侧竖立一通石碑,这个帝陵空前绝后之作,其碑文开头也称"述圣纪"而不为碑。第二个特别之处在于,这通石碑不同于为高宗所立的"述圣记",上面空无一字,是一通无字碑。在国人的观念之中,立碑即是为了借金石以传不朽之功德,却为何立碑而不刻字?这个问题,需要从武则天去世之后动荡的时局中寻找答案。

武则天去世后,其权倾天下的政治最高极被打破,其他政治势力得以走上国家权力中心。各派势力觊觎皇帝宝座，相互角力，致使政情汹涌，时局动荡。在神龙元年之后的"后武则天时期"，经历了中宗李显、睿宗李旦、玄宗李隆基三个皇帝。显然，对武则天尊崇的态度有利于他们政治遗产的争夺，武则天的尊号也因此随着政治势力的此消彼长而无法定评。

中宗李显时期的政治舞台中心主要有两股势力，一是以张柬之、敬晖等人为主的政变派，他们以"中兴唐室"的第一功臣自居，在对待则天皇帝的态度上尽管表现出了应有的恭敬，内心深处却只认可李唐正统。另一股是以魏元忠、韦安石、武攸暨、武三思等人为主的大周旧臣们，他们显然对武则天饱含感情，希望延续大周的政策。事实上，武氏、韦氏及太平公主，都想继承武则天的政治遗产。继位的中宗李显对母后的态度也颇有意味，他出于安抚人心、稳定国家政局的需要，在评价则天皇帝和大周的地位时坚持"唐周一统"，因此他在敕文中赞扬则天大圣皇帝内辅外临，是慈母明君典范。他又宣称自己是接受母后的禅位，是既承唐业又缵周绪的皇帝。尽管皇帝有如此态度，但是由于两股政治势力的搅动，对武则天的评价也一时难以盖棺定论，石碑的刻文述纪的工作也难以进行。据文物专家考证，无字碑阳面布满了方格子，可能当时碑文已具，只是由于争议而没有镌刻，立碑的进程就此停顿下来，石碑成了无字之碑。

四年之后，武三思和韦皇后组成的政治联盟阴谋夺权的步伐加快，景龙四年（710）六月，韦后效法母后"则天大圣皇后"，将中宗李显弑杀，之后他们拥立少帝，改元"唐隆"，国家政局更加动荡。不久，这一政治集团被镇国太平公主与临淄郡王李隆基联手灭

乾陵六十一蕃臣

除,安国相王李旦继位,是为睿宗。镇国太平公主集团内部有很多二张和武氏、韦后的亲附者,其势力之盛连皇帝都感受到了威胁。睿宗为了避免再现韦后之祸,将"则天大圣皇后"复称为"天后",将其二哥李贤追谥为"章怀太子"。待政局稍稍启稳,睿宗又将"天后"改为"大圣天后",此后为了安抚太平公主,他又尊武则天为"天后圣帝"。延和元年(712),睿宗将帝位传给太子李隆基,自称太上皇。李隆基在即位的第三天将"天后圣帝"改为"圣后"。开元元年(713),李隆基铲除太平公主集团,开元四年,李隆基在太上皇李旦死后将武则天尊号重又改回"天后"。这年年底,主管礼仪的太常卿姜皎等人上表说,如果则天皇后的帝号长存,"恐非圣朝通典",他建议皇后祔庙后不再称帝,应除去"圣帝"之字,直接尊为"则天皇后武氏"。天宝八年(749),明皇追尊武则天为"则天顺圣皇后",

此号遂为定称。从"圣帝"至"圣后",表明自唐玄宗以后,李氏皇家确认武则天去除皇帝尊号,而归入皇后队列。

在这段极不稳定的政局中,武则天的尊号一直难定,即使她当世的儿女孙辈也意见不一,更不用说其他臣民了。名不正则言不顺,当年停下的勒碑工程就此画上一道休止符。但正是这样一通无字碑,反而为后人评价武则天提供了无限空间。民间流传着许多关于无字碑的说法。其中一种认为,武则天身为帝王,其执掌天下的盖世功德非能用文字所能概括,对于中宗李显来说,他虽身为皇帝,但武则天既是大周皇帝又是他的母后,勒石纪功,显然想有所表述。但武则天的一生功过是非岂能一时定论?既然这道难题无解,那还是留下空白,留给后来者议论吧。一种则认为,武则天襟怀坦荡,她的波澜壮阔一生任凭他人论说,因此留下一通无字碑,留下一片开放的空白。无论怎样,这通宏伟的无字碑早已矗立千年,它以无言的沉默,面对着后世之人,而任人评说。

图书在版编目（CIP）数据

女皇驾到：一张图看懂武则天 / 秋地著. -- 北京：华文出版社，2015.8

ISBN 978-7-5075-4391-9

Ⅰ.①女… Ⅱ.①秋… Ⅲ.①武则天（624~705）—传记 Ⅳ.①K827=421

中国版本图书馆CIP数据核字（2015）第192283号

女皇驾到：一张图看懂武则天

著　　者：	秋　地
责任编辑：	胡慧华
出版发行：	华文出版社
地　　址：	北京市西城区广外大街305号8区2号楼
邮政编码：	100055
网　　址：	http://www.hwcbs.com.cn
电子信箱：	hwcbs@263.net
电　　话：	总编室 010-58336239　发行部 010-58336270　编辑部 010-63421256
经　　销：	新华书店
印　　刷：	天津新科印刷有限公司
开　　本：	710×1000　1/16
印　　张：	11.25
字　　数：	122千字
版　　次：	2015年10月第1版
印　　次：	2015年10月第1次印刷
标准书号：	ISBN 978-7-5075-4391-9
定　　价：	28.00元

版权所有，侵权必究